이 책은 ☐☐☐☐의
첫 국어사전입니다.

# 나의 첫 국어사전

초판 1쇄 발행 2008년 1월 25일
초판 31쇄 발행 2025년 6월 20일

글 ⓒ 채인선
그림 ⓒ 초록아이
펴냄 김은선

펴낸곳 초록아이
주소 경기도 고양시 일산서구 주화로 180, 월드메르디앙 404호
전화 031-911-6627  팩스 031-911-6628
등록 410-2007-000069호

ISBN 978-89-92963-00-8  73700
값 25,000원

* 잘못된 책은 바꾸어 드립니다.
  초록아이는 푸름이닷컴(www.purmi.com)에서 만든 어린이지식책 출판사입니다.

## 이 책을 만든 사람들

이 책은 채인선이 기획했습니다. 글 작업에는 채인선, 박성희, 윤오복이 참여했습니다.
편집은 채인선, 서진아가 했고, 내용 감수는 김영주(전국초등국어교사모임 회장)님이 해주셨습니다.
그림에는 여섯 명의 일러스트레이터가 참여했는데 ㄱ, ㄹ, ㅅ, ㅊ, ㅋ, ㅌ, ㅍ은 김은정과 배현주,
ㄴ, ㅁ, ㅇ, ㅎ은 김은미와 박영미, ㄷ, ㅂ, ㅈ은 서희정과 황보순희가 맡았습니다.
장별 표지 그림은 김은정, 부록 그림은 배현주가 했습니다. 그림 감수는 원로 일러스트레이터 홍성찬 선생님이
해주셨습니다. 이 책의 전체 디자인은 간텍스트(조주연, 박경완, 이지영, 이규환, 장승아,
김효정)에서 담당했습니다. 그 외 푸름이닷컴의 여러 부모님들이 자문을 해주셨고, 몇 분의 선생님들과
부모님들이 귀한 의견을 주셨습니다. 장별 표지 그림을 위해 햇빛 유치원과 원우미술학원 아이들이
사진 촬영에 응해 주었습니다. 아이들 명단은 다음과 같습니다.
백주영, 신선민, 김원형, 이송, 박건희, 하정훈, 김채연, 한지예, 정필호, 최예령, 장민준,
장성준, 박지윤, 박서연.

# 나의 첫 국어사전

책임집필·편집 | 채인선

초록아이

# 들어가기에 앞서

〈나의 첫 국어사전〉은 아이들을 위한 사전입니다. 좀 더 구체적으로 말하면 막 책을 읽기 시작하는 아이부터 초등학교 1, 2학년 아이들을 대상으로 하는 정통 국어사전입니다. 1,400여 개의 표제어에 300컷의 그림이 어우러진 이 사전은 아이들의 생애 첫 국어사전이 될 수 있도록 여러 가지 면에서 세심하게 고안되었습니다.

● 표제어는 대상 아이들의 연령을 고려해 그림책과 초등학교 저학년 교과서 등에서 가려 뽑았습니다. 표제어를 설명하는 글은 종래의 전형적인 국어사전과 같이 정의와 보완 설명, 예문 등으로 구성되어 있습니다. 간혹 설명 글로 정의를 대신한 것도 있는데 이는 정의를 말해 주어도 개념을 파악하기 힘든 경우, 또는 표제어의 정의를 표제어보다 더 어려운 말로밖에 설명할 수 없는 경우입니다. 이런 경우에는 아이들이 "○○는 무엇이에요?" "○○는 무슨 뜻이에요?" 하고 물었을 때 우리 어른들이 그 개념을 설명해 주는 방식을 따라 서술을 했습니다. 표제어를 정의로써 설명하는 종래의 국어사전과는 다른 형태이지만 이는 아이들이 자연스레 개념을 깨칠 수 있는 유효하고도 적합한 방식입니다. 이런 방식 때문에 〈나의 첫 국어사전〉이 성인용 국어사전과 변별된다고 할 수 있습니다.

● 〈나의 첫 국어사전〉의 또 다른 특징은 이 사전의 모든 글을 여기 나온 낱말들만으로 썼다는 것입니다. 〈나의 첫 국어사전〉을 읽다가 모르는 낱말을 발견하면 아이들은 그 낱말을 바로 이 사전에서 찾아볼 수 있습니다. 첫 국어사전으로서 아이들에게 사전에 대한 신뢰감을 심어 주는 것은 중요한 일입니다. 이런 신뢰감이 밑바탕되어야 아이들은 이후의 책과 함께 하는 생활, 배움의 생활에서 국어사전, 백과사전을 늘 가까이 할 것입니다.

● 국어사전은 책을 읽다가 모르는 낱말이 나왔을 때 펼치는 책이지만 〈나의 첫 국어사전〉은 아이들이 보통 책처럼 한 줄 한 줄 읽어 나가기에도 좋습니다. 그렇게 읽다 보면 모르는 낱말도 알게 될뿐더러 어떤 개념을 어떻게 설명해 놓았는지, 어떻게 설명할 수 있는지, 그 서술 방식의 비밀을 느낄 수 있습니다. 아이들이 〈나의 첫 국어사전〉을 읽으면서 어떤 개념도 적절히 설명할 수 있다는 자신감을 갖기를 희망합니다. 그 자신감은 앞으로 아이들이 맞닥뜨릴 토론과 논술의 장에서 큰 힘이 될 것입니다.

책임집필 및 편집 채인선

# 발간에 즈음하여

10년도 넘게 꿈꾸어 온 일이 있습니다. 우리 아이들이 책을 보다가 모르는 낱말을 찾아볼 수 있는 국어사전을 만드는 것입니다. 따뜻하고 부드러운 말투, 정감 있는 표현들, 그리고 아름다운 그림이 곁들어진 진정한 의미의 국어사전을 말합니다.

어린이 국어사전이 서양에는 연령별로 몇 종씩 나와 있는 것을 볼 때 부럽기도 하고 부끄럽기도 했습니다. 더구나 우리나라는 우리 고유의 문화와 고유의 문자를 가진 몇 개 안 되는 나라 중 하나입니다. 아이들을 올바르고 똑똑하게 키워 내고픈 우리 부모들의 열의 역시 선진국 어느 나라에 뒤지지 않을 만큼 높지 않습니까? 이런 나라에서 온갖 책이 다 나왔지만 아이들을 위한 국어사전이 없었다는 현실은 우리에게 '등잔 밑이 어둡다'는 옛말을 떠올리게 합니다. 물론 국어사전 류의 책들이 전혀 없는 것은 아닙니다. 서점에 가면 단편적인 그림을 곁들인 낱말 사전, 그림 사전을 몇 종 찾아볼 수 있습니다만, 거의 대부분 영어 낱말이 함께 나와 있습니다. 이런 책들은 정의와 예문이 없어 사전이라고 할 수도 없지만, 사전이라 해도 국어사전보다는 영어 사전에 가깝습니다.

책에서 새로운 낱말을 접하면 아이들은 반드시 호기심을 갖게 됩니다. 아이들이 얼마나 많은 질문을 하는지, 그리고 얼마나 대답하기 힘든 질문을 하는지는 아이를 키워 보면 압니다. 눈에 보이는 것이 모두 처음 보는 것이고, 귀에 들리는 것이 모두 처음 듣는 말이니 그럴 수밖에 없지요. 따라서 국어사전과 백과사전은 성인보다는 자라나는 아이들에게 더욱 필요한 배움의 도구입니다. 백과사전에 앞서 국어사전은 기본 중에서도 기본이 되는 책입니다. 〈나의 첫 국어사전〉은 우리나라의 첫 어린이 국어사전으로서, 또한 전 세계 모든 한국 아이들의 첫 국어사전으로서 제 소임을 다할 것입니다.

〈나의 첫 국어사전〉은 채인선 동화작가를 만나지 못했다면 세상에 나올 수 없었을 것입니다. 우연한 자리에서 첫인사를 나누던 중 어린이 국어사전에 대한 열정을 확인하게 되었고 그로부터 2년 후, 2008년 1월에 〈나의 첫 국어사전〉 출간이라는 감격을 맞게 되었습니다. 이를 위해 채 작가는 기획, 집필, 편집 등 총 책임을 맡아 주셨습니다. 그동안 채 작가와 뜻을 함께한 분들께 감사드립니다. 이 책을 펼치는 아이들의 환한 미소가 그 수고로움에 답해 줄 것입니다.

푸름이 아빠 최희수

# 추천의 글

소리나 글은 단순한 지식의 전달 수단이 아니라, 새로운 창의력의 진원지가 될 뿐만 아니라 지적 능력을 확산시키는 새로운 원동력이 됩니다. 그래서 글쓰기나 글 읽기의 훈련은 말하기와 듣기, 쓰기 훈련과 함께 아동들의 창조적인 인지 활동의 근본적인 힘이 됩니다. 기초 어휘는 튼튼한 문장력의 기초가 됩니다. 이번에 작가이신 채인선 님이 아이들의 눈높이에 맞춘, 적절한 어휘와 그 뜻풀이를 담은 흥미 있는 사전을 만들었습니다. 아이들을 위한 〈나의 첫 국어사전〉은 한국 아이들에게 당당하게 추천해 줄 수 있는 신선한 책입니다. 그리고 이 책은 자라나는 어린이들에게 오랜 기억으로 남게 될 만한 책이라고 생각합니다.

사전은 그 나라의 문화와 지적 수준을 보여 주는 동시에 문화 발전의 원동력입니다. 1928년 6월 6일 영국 런던의 필립 하드윅 궁전 앞에서 뜻깊은 행사가 벌어졌습니다. 이날 행사에는 세 차례나 총리를 역임한 스탠리 볼드윈 총리를 비롯해 당시로서는 '그때 이후 그처럼 많은 지성인이 한자리에 모인 일은 거의 없다고 해도 과언이 아닐 정도'로 영국의 지성을 대표하는 인물이 한자리에 모였지요. 그 행사는 71년의 긴 세월을 거쳐 세상에 모습을 드러낸 1만 5,490쪽에 41만 4,825개의 표제어를 갖춘 10권짜리 《옥스퍼드 영어 사전(Oxford English Dictionary)》의 완성을 축하하는 자리였습니다. 이 사전에 대해 볼드윈 총리는 찬사를 아끼지 않았습니다. 그는 "사막이나 외로운 섬에 떨어지게 되어 단 한 작가의 작품만 가져갈 수 있게 되는 그런 선택의 때가 온다면 나는 《옥스퍼드 영어 사전》을 선택하겠다."고 예찬했습니다.

늦은 감이 있지만, 이제라도 우리 아이들에게 상상력과 꿈을 키워 줄 수 있는 〈나의 첫 국어사전〉이 출판되어 무척 반갑고 기쁩니다. 마치 내가 어린 시절에 꾸었던 꿈이 이루어진 듯합니다. 어린이들 스스로 이 사전을 읽고 난 후에 자기가 생각하는 사물의 모습에 담긴 의미와, 그것이 이 사전과 어떻게 일치하는지 혹은 어떻게 차이가 나는지 경험하게 해 주어야 합니다. 그렇게 할 때, 우리 아이들의 꿈과 상상력이 좀 더 넓은 공간으로 퍼져 나갈 수 있을 것입니다. 생애 첫 경험이 될 〈나의 첫 국어사전〉은 전 세계 6,000여 개 언어들 중 열두 번째로 많은 사람들이 사용하는 자랑스러운 우리말의 어린이용 사전으로서 우리 아이들에게 멋진 선물이 되리라 확신합니다.

국립국어원장 이상규

# 활용방법

ㄱㄴㄷㄹㅁ**ㅂ**ㅅㅇㅈㅊㅋㅌㅍㅎ

### ㄱㄴㄷ 찾기
지금 보는 표제어들이 'ㅂ' 항목이라는 것을 알려 주는 표시입니다.

### 동시
재미있는 동시를 읽다 보면 해당 표제어의 뜻을 잘 이해할 수 있어요.

### 표제어
1,400여 개 표제어가 ㄱㄴ 순으로 실려 있어요.

### 동시 아이콘
이 표제어에 동시가 실려 있다는 표시예요.

### 예문
아이들에게 친숙한 예문을 통해 낱말의 쓰임을 더욱 잘 알 수 있어요.

### 그림 아이콘
표제어에 해당하는 그림이 실려 있다는 표시예요.

---

**병원**
사람들은 아프면 병원에 가요.
치과에도 가고 소아과에도 가요.
이비인후과에도 가고
피부과, 안과에도 가요.

사람들은 아프기만 하면 병원에 가요.
그런데 병원이 아프면 어디로 가죠?
병원이 가는 병원은 없어요.
그래서 병원은 아프지 말아야 해요.
아파도 꼭 참아야 해요.

**병아리**
닭의 새끼입니다. 털이 노랗고 '삐악삐악' 소리를 냅니다.

**병원**
아픈 사람을 치료하는 곳이에요. **병원**에서는 의사와 여러 사람들이 일을 해요. 누나는 배가 아파서 **병원**에 갔어요.

**보내다**
무엇을 어디로 가게 하는 것입니다. 승우는 외국에 사는 친구에게 크리스마스 선물을 **보냈어요**.

**보다**
눈으로 무엇을 알거나 느끼는 거예요. 가족들이 모두 모여 텔레비전을 **보고** 있어요. **보다**는 '살펴**보다**', '돌아**보다**'처럼 다른 낱말에 붙여서 쓰기도 합니다.

**보람**
어떤 일을 하길 잘했다는 생각이 드는 거예요. 수영을 열심히 배운 **보람**이 있어요. 바다에서도 수영을 할 수 있게 되었거든요. **보람**된 일을 하고 나면 기분이 좋아요.

**보살피다**
정성껏 보호하고 돕는 거예요. 민재는 할머니가 잘 **보살펴** 주어 병이 나았어요.

카멜레온은 자기 몸을 **보호**하기 위해 몸 빛깔을 바꾸어요.

**보이다**
어떤 것을 보게 되거나 보도록 하는 거예요. 책의 글씨가 잘 안 **보여** 지훈이는 안경을 썼어요. 솔이는 유명 가수와 함께 찍은 사진을 친구들에게 **보여** 주었어요.

**보호**
다치지 않도록 안전하게 지키는 거예요. 나무를 잘 기르고 강을 깨끗이 하는 것은 자연을 **보호**하는 일입니다.

---

# 일러두기

### 표제어
❶ 그림책과 초등학교 교과서 등에서 가려 뽑은 1,400여 개 표제어를 ㄱㄴ 순서로 실었습니다.
❷ '명사+하다', '명사+되다' 형태의 낱말은 해당 명사를 표제어로 삼아 함께 설명했습니다.
❸ 동음이의어 표제어의 경우, 아이들이 좀 더 자주 쓰는 표제어를 앞에 달았습니다.

### 뜻풀이와 예문
❶ 아이들이 스스로 이해할 수 있도록 쉽고 단순한 문장으로 썼습니다.
❷ 예문은 아이들의 일상에서 뽑았습니다. 이는 낱말들이 모두 우리 일상생활로부터 나왔다는 것을 암시합니다.
❸ 설명 글은 모두 이 사전에 나온 낱말로 했습니다. 단, 고유명사, 지시대명사, 의성어, 의태어 등은 예외적으로 사용했습니다.
❹ 띄어쓰기, 맞춤법은 국립국어원에서 정한 지침을 따랐습니다.

병아리 •• 부끄럽다

**복잡하다**
사람이나 차가 많이 오고 가는 것입니다. 시장에 사람이 너무 많아 **복잡해요**. 여러 가지가 섞여 있는 것도 **복잡하다**고 해요. '2+4-6+1×3'은 **복잡한** 문제이지만, '2+4'는 **복잡하지** 않아요. 간단한 문제입니다.

**봄**
날씨가 따뜻해지고 풀과 나무에 싹이 나는 계절입니다. **봄**에는 씨를 뿌려요. **봄**은 겨울 다음에 옵니다.

**봉사**
남을 위해 돈을 받지 않고 일하는 거예요. 큰비로 길이 망가졌는데 **봉사** 활동을 하러 사람들이 많이 왔어요.❋

영주 어머니가 건널목에서 **봉사** 활동을 합니다.

**부끄럽다**
잘못된 행동이나 실수를 하면 **부끄러워요**. 태수는 거짓말을 한 것이 **부끄러웠어요**. 남 앞에 나서는 것이 창피할 때도 **부끄럽다**고 해요. 정아는 손님이 오면 **부끄러워서** 방에서 나오지 않아요.

### 길잡이 낱말
펼친 양면의 첫 표제어와 마지막 표제어를 표시해 놓았어요.

### 정의
표제어의 개념을 명확히 알 수 있어요.

### 그림
그림을 보면 해당 표제어의 개념을 쉽게 이해할 수 있어요.

### 그림 해설
그림을 설명해 놓은 글입니다. 이 글을 통해 다시 한 번 표제어의 뜻을 이해할 수 있지요.

### 표제어의 쓰임새
표제어가 설명 글 안에 쓰일 때는 이렇게 굵은 글씨로 표시했어요.

---

**그림과 동시**

❶ 국내 중견 일러스트레이터들이 그린 300여 컷의 그림을 실었습니다.
❷ 명사보다는 아이들이 개념 파악에 더 힘들어하는 동사, 부사, 형용사 표제어에 그림을 달았습니다.
❸ 그림 밑에 그림 설명을 두어 아이들이 그림을 잘 이해할 수 있도록 했습니다. 이는 표제어를 문장에서 한 번 더 예시하는 역할도 합니다.
❹ 낱말의 흥미를 돋우기 위해 채인선 선생님의 동시를 함께 실었습니다.

**부록**

❶ 아이들이 헷갈리기 쉬운 동음이의어를 부록에 실었습니다. 문장에서 자주 쓰이는 단위명사, 의태어, 의성어도 부록에 함께 담았습니다.
❷ '국어사전과 놀아요'는 아이들이 국어사전을 친숙하게 느낄 수 있도록 하기 위해 꾸몄습니다. 부모님과 선생님의 지도를 바랍니다.
❸ 그림 색인을 두어 아이들이 사전 곳곳에 흩어져 있는 그림을 찾아볼 수 있도록 했습니다.

# 나의 첫 국어사전

# 기역

# 가게··가끔

## 가게
물건을 파는 곳입니다. 신발 **가게**는 신발을 파는 곳이고, 꽃 **가게**는 꽃을 파는 곳이에요.

## 가구
집 안에서 쓰는 큰 물건이에요. 식탁, 의자, 책상 등이 **가구**예요. 민우 방은 **가구**가 많아 방이 좁아 보여요.

## 가깝다
한곳에서 다른 곳까지의 거리가 짧은 거예요. 놀이터는 우리 집에서 **가까워요**. 열 걸음도 안 돼요. 하지만 학교는 멀어요. 학교에 가려면 많이 걸어야 해요. 연이네 집은 바다에서 **가까워요**. 창문에서 바라보면 바다가 보여요.

## 가꾸다
어떤 것을 돌보고 보살피는 거예요.
어머니가 마당의 꽃밭을 잘 **가꾸어서** 보기 좋아요.

## 가끔
어떤 것을 **가끔** 한다는 것은 계속하거나 자주 하는 것이 아닙니다. 나무에는 물을 **가끔** 주어도 돼요. 날마다 물을 주지 않아도 됩니다. 서현이는 **가끔** 할머니 방에서 할머니와 함께 자요.

호랑이가 물 **가까운** 곳에 엎드려 있어요.

# ㄱ ㄴ ㄷ ㄹ ㅁ ㅂ ㅅ ㅇ ㅈ ㅊ ㅋ ㅌ ㅍ ㅎ

망아지는 다리가 무척 **가늘어요**.

유리병에 사탕이 **가득** 들어 있어요.

### 가난
돈이나 가진 물건이 적은 거예요. 옛날이야기 속의 흥부는 무척 **가난**했어요. 먹을 것도 없고 입을 옷도 없었어요. 하지만 착한 일을 해서 나중에 부자가 되었어요.

### 가늘다
둘레가 작은 거예요. 젓가락은 **가늘어요**. 실은 **가늘어서** 바늘구멍에 잘 들어가요. 현지는 **가늘고** 긴 리본으로 머리를 묶었어요.

### 가다
다른 곳으로 몸을 옮기는 것입니다. 어머니는 내 옷을 사러 백화점에 **갔어요**. 수영장에 **갔다가** 문이 닫혀 다시 돌아왔어요. **가다**는 '달려**가다**', '쫓아**가다**'처럼 다른 낱말에 붙여서 쓰기도 해요.

### 가두다
사람이나 동물을 어디에서 나오지 못하게 하는 거예요.

### 가득
어떤 것이 꽉 차서 더 들어갈 공간이 없는 것을 말해요. 옆집 할머니께서 그릇에 떡을 **가득** 담아 주셨어요. 동생이 컵에 우유를 **가득** 부어 우유가 넘칠 뻔했어요.

### 가라앉다
어떤 것이 떠 있다가 밑으로 내려와 바닥에 닿은 거예요. 가벼운 것은 물에 뜨고 무거운 것은 **가라앉아요**. 재호가 던진 돌이 호수 밑으로 **가라앉았어요**.

### 가렵다
몸의 어느 부분을 손으로 긁고 싶은 거예요. 현수는 벌레에 팔을 물려 **가려웠어요**. 나는 등이 **가려워서** 형에게 긁어 달라고 했어요.

# 가난 ‥ 가리키다

## 가로
네모난 것의 왼쪽 끝에서 오른쪽 끝까지의 길이입니다.
책상은 **가로**가 세로보다 길고 방문은 **가로**가 세로보다 짧아요.

## 가루
아주 작게 부수어 놓은 조각이에요. 빵**가루**는 빵이 부서진 **가루**입니다. 어머니는 알약을 **가루**로 만들어 아기에게 먹였어요.

## 가르치다
새로운 사실이나 모르는 것을 남에게 알려 주는 것입니다.
훈이는 동생에게 자전거 타는 법을 **가르쳐** 주었습니다.

## 가리다
어떤 것이 보이지 않도록 무엇으로 막는 거예요.
안개에 **가려** 앞이 잘 보이지 않아요. 지홍이는 마술 공연을 보러 갔는데 앞사람에 **가려서** 잘 보지 못했어요. 은수는 햇빛이 너무 강해 손으로 햇빛을 **가렸어요**.

## 가리키다
손이나 몸짓으로 방향을 알려 주는 것입니다.
선생님이 손가락으로 창밖을 **가리키자**
아이들이 창 쪽으로 고개를 돌리며 외쳤어요.
"야! 무지개다!"

동생이 손으로 흰 비둘기를 **가리켰습니다**.

ㄱ ㄴ ㄷ ㄹ ㅁ ㅂ ㅅ ㅇ ㅈ ㅊ ㅋ ㅌ ㅍ ㅎ

### 가뭄
비가 오래도록 오지 않는 거예요. **가뭄**이 들면 강과 호수에 물이 마르고 채소가 잘 자라지 못해요.

### 가방
밖에 나갈 때 필요한 것을 넣고 다니도록 만든 물건이에요. 아버지는 회사에 갈 때 컴퓨터 **가방**을 들고 갑니다.

### 가볍다
어떤 것을 드는 데 힘이 들지 않으면 **가벼운** 거예요. 빈 상자는 **가벼워요**. 하지만 물건이 가득 든 상자는 무거워요.

### 가수
노래하는 것을 직업으로 가진 사람입니다. **가수**는 사람들에게 인기가 좋아요.

### 가슴
목과 배 사이에 있는 몸의 한 부분이에요. **가슴**은 마음과 같은 뜻으로도 쓰입니다. 어미를 잃은 고양이를 보니 **가슴**이 아파요.

### 가운데
**가운데**는 어떤 곳의 중간이에요. 오리들이 연못 **가운데** 있는 작은 섬으로 헤엄쳐 갑니다. 어머니가 식탁 **가운데**에 꽃병을 올려놓았어요. ✻

### 가위
무엇을 자르거나 오리는 데 쓰는 물건입니다. **가위**에는 손가락을 넣는 구멍이 두 개 있어요.

### 가위바위보
아이들이 손으로 하는 놀이예요. 가위는 보를 이기고, 보는 바위를 이기고, 바위는 가위를 이깁니다. 순서를 정할 때 **가위바위보**를 해요.

도넛 **가운데**에 구멍이 뚫려 있어요.

# 가을

여름 다음에 오는 계절입니다. **가을**에는 단풍이 들고 곡식과 과일이 익어요. **가을**에는 시원한 바람이 불어요. 바람이 불면 나뭇잎이 우수수 떨어져요.

민수는 유치원에서 **가장** 키가 커요.

# 가장

아버지는 우리 집에서 **가장** 나이가 많아요. 아버지보다 나이가 더 많은 사람은 없어요. 버스, 기차, 비행기 중에 **가장** 빠른 것은 무엇일까요?

# 가장자리

어떤 것의 둘레나 주위를 말해요. 호수 **가장자리**에 노란 꽃이 피어 있어요. 길 **가장자리**에 아이들이 옹기종기 앉아 놀아요.

# 가정

가족들이 한집에 모여 함께 생활하는 것을 **가정**이라고 해요. 삼촌이 결혼하여 새 **가정**을 이루었어요. 아이가 없는 **가정**도 있고 할아버지, 할머니와 함께 사는 **가정**도 있어요.

**ㄱ** ㄴ ㄷ ㄹ ㅁ ㅂ ㅅ ㅇ ㅈ ㅊ ㅋ ㅌ ㅍ ㅎ

## 가져가다
어디에 갈 때 어떤 물건을 가지고 가는 거예요. 나는 아이들과 축구를 하려고 운동장에 공을 **가져갔어요**. 형주는 산에 갈 때 마실 물을 **가져가지** 않아 목이 말랐어요.

## 가져오다
어디로 올 때 어떤 물건을 가지고 오는 거예요. 선생님께서 학생들에게 말씀하셨어요. "내일 점심 도시락 **가져오세요**. 물도 **가져오세요**." 혜영이가 우리 집에 재미있는 동화책을 **가져와서** 함께 읽었어요.

## 가족
아버지, 어머니, 형, 누나, 동생이 **가족**이에요. 할머니 생신을 축하하기 위해 **가족**이 모두 모였어요. 이모네 **가족**도 오고, 삼촌네 **가족**도 왔어요.

## 가죽
동물의 몸을 둘러싸고 있는 껍질입니다. 사람들은 동물의 **가죽**으로 옷이나 물건을 만들어요.

## 가지
나무나 식물의 큰 줄기에서 뻗어 나간 작은 줄기예요. 나무에 붙은 **가지**를 나뭇**가지**라고 합니다.

## 가지다
민규는 책을 **가지러** 방에 들어갔어요. 나는 비가 올 것 같아 우산을 **가지고** 나갔어요. 현희는 손에 노란 풍선을 **가지고** 있어요.

## 간단하다
어떤 일이 복잡하지 않고 쉬운 거예요. **간단한** 이야기는 이해하기 쉬워요. 우리 집은 언제나 아침을 **간단히** 먹어요. 운동을 할 때는 옷을 **간단하게** 입는 게 좋아요.

나는 수영복만 **가져왔는데** 진우는 커다란 튜브를 **가져왔어요**.

### 내가 가진 것은

동글동글한 조약돌 다섯 알
어제 산 운동화
식탁 위의 딸기 한 접시
일기장
필통 속 연필
튼튼한 두 다리
입 속의 노래
내일 아침

# 가져가다 ‥ 감다

## 간지럽다
누가 발바닥을 건드리거나 만지면 **간지러워요**. **간지러우면** 웃음이 나고 몸을 피하게 됩니다.
남을 **간지럽게** 하는 것을 간지럼을 태운다고 해요. ❋

## 간직
어떤 물건을 소중하게 생각해서 어디에 잘 두는 것입니다. 시은이는 친구가 보낸 편지를 **간직**하고 있어요. 어머니는 내가 받은 상을 잘 **간직**해 둡니다.

우리 아버지는 **간지러운** 것을 못 참아요.

## 갇히다
어느 공간에서 밖으로 나가지 못하게 되는 거예요. 새가 새장에 **갇혔어요**. 밖으로 날아가지 못해요.

## 갈다
어떤 것을 다른 것으로 바꾸는 거예요. 현정이는 꽃병의 물을 새로 **갈았어요**. 나는 구두를 운동화로 **갈아** 신었어요.

## 감각
감각은 보고, 듣고, 냄새 맡고, 맛보는 거예요. 손으로 만져서 **감각**을 느끼기도 해요.

## 감기
날씨가 추울 때 잘 걸리는 병이에요. **감기**에 걸리면 몸에서 열이 나거나 머리가 아프기도 해요. 석훈이는 **감기**에 걸려 콧물이 났어요.

## 감다
잠잘 때는 누구나 눈을 **감아요**. 눈을 **감으면** 아무것도 안 보이고 캄캄해요. 동생이 졸립다며 눈을 **감았어요**. ❋

부엉이도 잘 때는 눈을 **감아요**.

ㄱㄴㄷㄹㅁㅂㅅㅇㅈㅊㅋㅌㅍㅎ

현수가 이모와 함께 털실을 **감고** 있어요.

### 감다
긴꼬리원숭이는 나무에 꼬리를 잘 **감아요**. 상민이가 팽이에 줄을 단단하게 **감았어요**. ❋

### 감동
마음에 어떤 느낌이 많이 남는 거예요. 좋은 이야기나 음악을 들으면 **감동**을 받아요. 어머니는 생일에 아버지에게서 꽃을 받고 "정말 **감동**했어요." 하고 말했어요.

### 감사
남에게 고마운 마음을 가지는 거예요. 종수는 비 오는 날 우산을 씌워 준 아저씨께 "**감사**합니다." 하고 말했어요.

### 감상
예술 작품이나 아름다운 경치를 느끼고 즐기는 거예요. 우리 이모는 영화 **감상**이 취미예요. 예솔이는 미술관에서 그림을 **감상**했어요.

### 감옥
규칙이나 법을 지키지 않은 사람을 가두어 두는 곳입니다. **감옥**에 갇히면 마음대로 나오지 못해요.

# 감다··값

## 감자
땅에서 캐는 동그란 채소입니다. **감자**는 단단하고 속이 하얘요. 사람들은 **감자**로 여러 가지 요리를 합니다.

## 감정
슬프고, 기쁘고, 화나고, 외로운 것이 **감정**이에요. **감정**은 마음속으로 느껴지는 기분을 말합니다. 사람들은 모두 **감정**을 느낄 수 있어요.

## 감추다
어떤 물건을 가리거나 숨기는 거예요. 경환이는 먹다 남은 과자를 주머니 속에 **감추고** 없다고 했어요. 내가 다가가자 고양이가 나무 뒤로 모습을 **감추었어요**. ❋

동생이 내 장난감을 가지고 놀다가 얼른 등 뒤로 **감추었어요**.

## 갑자기
생각하지 않았던 일이 일어났을 때 **갑자기**라는 말을 써요. 하늘이 맑은데 **갑자기** 비가 떨어졌어요. **갑자기** '꽝' 소리가 나서 돌아보니, 바람에 문이 닫히는 소리였어요.

## 값
물건을 살 때 주는 돈이에요. 색연필 **값**이 2,000원이어서 아름이는 2,000원을 냈어요. 마음에 드는 구두를 발견하자 어머니가 "이거 얼마예요?" 하고 **값**을 물었어요.

## 강
바다로 흘러가는 큰 물이에요. 서울에는 한강이 흘러요.

## 강아지
개의 새끼입니다. 우리 집 개가 강아지를 세 마리 낳았어요.

바람이 **강하게** 불어서 파도가 무척 높아요.

## 강하다
바람이 **강하다**는 것은 바람이 몹시 세고 빠르게 부는 거예요. 무엇에 잘 견디는 것도 **강하다**고 합니다. 은호는 책임감이 **강해** 자기가 할 일을 남에게 미루지 않아요.

## 같다
내 신발이 빨간색이고 동생 신발도 빨간색이면 두 신발은 색깔이 **같은** 거예요. 두 아이가 함께 섰을 때 키 차이가 없으면 키가 **같다**고 합니다.

# 강··거리

## 같이
'함께'와 같은 뜻이에요. 재은이는 삼촌과 **같이** 박물관에 갔어요. '처럼'의 뜻으로 쓰이기도 합니다.

## 개
사람들과 가장 친한 동물로 '멍멍' 짖어요. **개**는 주인을 보면 반갑다고 꼬리를 흔들어요.

## 개구리
논이나 물가에 사는 작은 동물이에요. 뒷다리가 길어 멀리 뛸 수 있어요. **개구리** 새끼는 올챙이예요.

## 개미
땅을 기어 다니는 작은 곤충입니다. 모래나 흙에 구멍을 파고 떼를 지어 삽니다. 일만 하는 일**개미**도 있고 알만 낳는 여왕**개미**도 있어요.

## 개울
작은 계곡이나 들에 졸졸 흐르는 물이에요. **개울**이 모여 강이 됩니다.

## 거꾸로
순서나 방향을 반대로 되게 하는 거예요. 옷을 **거꾸로** 입었다면 옷의 앞뒤를 바꿔 입은 것입니다. 박쥐는 동굴 천장에 **거꾸로** 붙어 잠을 잡니다.

## 거리
**거리**를 알면 얼마나 멀고 가까운지 알 수 있어요. 지구와 달의 **거리**는 얼마나 될까요? 아주 멀어요.

## 거리
양쪽에 집과 건물 들이 있는 길이에요. **거리**에는 사람과 차가 많이 다닙니다.

### 우리 아빠는요

우리 아빠는요,
손은 두꺼비같이 넓적하고
입은 하마 입같이 커요.
머리는 컴퓨터같이 똑똑하고
귀는 토끼 귀같이 길어
내 잠꼬대도 들어요.
발은 코끼리 발같이 듬직해서
산을 성큼성큼 올라요.
우리 아빠는요,
정말 우리 아빠예요.

내 동생은 **거꾸로** 보는 걸 좋아해요.

# ㄱ ㄴ ㄷ ㄹ ㅁ ㅂ ㅅ ㅇ ㅈ ㅊ ㅋ ㅌ ㅍ ㅎ

## 거미
배에서 실 같은 줄을 뽑아내는 작은 동물이에요. 그 줄을 **거미**줄이라고 합니다. **거미**는 다리가 여덟 개예요.

## 거북
등에 두껍고 단단한 껍데기가 있는 동물입니다. **거북**은 물에서는 헤엄을 잘 치지만 땅에서는 느릿느릿 기어요.

## 거울
얼굴이나 모습을 비추어 보는 유리입니다. 재희가 **거울**을 보며 머리를 묶어요.

## 거인
몸이 아주 큰 사람을 **거인**이라고 해요. 우리 삼촌은 **거인**처럼 키가 커서 버스 천장에 머리가 닿아요.

## 거짓말
사실이 아닌 것을 사실이라고 말하는 거예요. 형민이는 친구의 과자를 먹고 자기가 먹지 않았다고 **거짓말**을 했어요.

## 거칠다
껍질이나 어떤 것의 겉이 부드럽지 않은 거예요. 나무의 껍질은 **거칠어요**.

## 걱정
좋지 않은 일이 생길까 봐 마음이 불편한 거예요. 할머니는 내가 올 시간이 지났는데도 집에 오지 않으면 **걱정**을 하십니다. 친구에게 빌린 책이 보이지 않아 **걱정**했는데 언니가 찾아 주었어요. ❋

## 건강
몸이 아픈 곳 없이 튼튼한 거예요. 명수는 **건강**해서 감기에 잘 걸리지 않아요.

정아는 내일도 비가 올까 봐 **걱정**합니다.
내일 소풍을 가거든요.

# 거미 ‥ 걸리다

## 건너다
한쪽에서 다른 쪽으로 넘어가는 거예요. 큰 바다를 **건너려면** 배나 비행기를 타야 합니다. 학교 앞 개울에는 다리가 놓여 있어서 사람들이 쉽게 **건너** 다녀요.

## 건널목
찻길이나 기찻길을 건너기 위해 만든 장소입니다. 주현이는 **건널목**에서 신호등이 바뀌기를 기다렸어요.

## 건드리다
무엇에 살짝 닿거나 무엇을 만지는 거예요. 내가 고양이를 **건드리자** 고양이가 "야옹" 하고 머리를 들었어요.

## 건물
사람들이 일을 하거나 살기 위해 지은 집입니다. 도시에는 크고 높은 **건물**이 많아요.

## 걷다
다리를 움직여서 앞으로 나아가는 거예요. 사람은 두 발로 **걷고** 짐승은 네 발로 **걸어요**. 한 발 한 발 **걷는** 것을 걸음이라고 해요. 오빠는 나보다 걸음이 빨라요. 그래서 내가 따라 **걷기** 힘들어요.

## 걸다
성진이가 놀다 들어와 옷걸이에 옷을 **걸었어요**. 진희는 벽에 가족사진을 **걸었어요**. 문을 **걸었다면** 문이 열리지 않도록 잠근 거예요.

## 걸리다
'걸리다'는 여러 가지 뜻으로 쓰여요. 감기에 **걸렸다면** 몸에 감기가 생긴 거예요. 그림이 **걸렸다면** 벽에 그림이 붙어 있는 것입니다. 걸어서 30분이 **걸렸다면** 30분을 걸었다는 뜻이에요.

다람쥐가 물을 깡충 뛰어 **건너요**.

아기가 아장아장 **걸어** 아버지한테 갑니다.

ㄱㄴㄷㄹㅁㅂㅅㅇㅈㅊㅋㅌㅍㅎ

너구리는 눈 주위가 **검어요**.

### 걸어가다
걸어서 어디로 가는 거예요. 언니와 나는 날마다 학교까지 **걸어갑니다**. 동물원에서 기린을 발견하고 우리는 뛰어갔는데 아버지는 천천히 **걸어갔어요**.

### 검다
밤하늘처럼 어두운 빛깔을 **검다**고 합니다. 옥수수를 오래 구웠더니 겉이 **검게** 탔어요. **검은**색을 검정이라고 해요. ❄

### 겁
어떤 것을 무서워하거나 두려워하는 마음이에요. 정아는 **겁**이 많아 밤에 혼자 나가지 못합니다. 우리 집 개는 자기보다 큰 개만 보면 **겁**을 내고 달아나요. **겁**이 나 놀라는 것을 **겁**을 먹는다고 해요. 내가 괴물 흉내를 내자 동생이 **겁**먹은 얼굴로 도망갔어요. **겁**을 잘 내는 사람을 **겁**쟁이라고 부릅니다.

### 겉
밖으로 보이는 쪽이에요. 수박의 **겉**은 녹색이고 속은 빨간색이에요. **겉**옷은 **겉**에 입는 옷입니다.

### 게으르다
일을 하기 싫어하고 행동이 느린 거예요. 한 **게으른** 아이가 일하기 싫어하다 소가 되었다는 옛날이야기가 있어요. 아주 **게으른** 사람을 게으름뱅이라고 불러요.

### 겨루다
누가 더 힘이 세고 더 잘하는지 비교하는 거예요. 올림픽은 세계 여러 나라의 운동선수들이 모여 힘과 재주를 **겨루는** 잔치입니다. ❄

### 겨울
가을 다음에 오는 계절입니다. **겨울**에는 차가운 바람이 불고 눈이 내립니다.

슬기와 민우가 팔씨름을 하고 있어요.
누가 팔 힘이 더 센지 **겨루어** 보는 거예요.

걸어가다 ·· 겸손

## 겨울잠
동물이 겨울에 자는 잠이에요. 곰, 뱀, 개구리, 다람쥐 등이 **겨울잠**을 자요.

## 견디다
힘든 일이나 어려운 것을 참는 거예요.
은서는 배가 고픈 것을 **견디지** 못해요.
아버지를 기다리지 못하고 먼저
저녁을 먹었어요.

주희가 철봉에 매달려 힘든 것을 **견디고** 있어요.

## 견학
어디에 가서 눈으로 보고 배우는 거예요. 승훈이는 오늘 학교에서 딸기 농장으로 **견학**을 갔어요.

## 결심
어떤 일을 하기로 마음을 정한 거예요. 형은 텔레비전을 하루에 한 시간만 보기로 **결심**했어요. 나는 밥 먹기 전에는 과자를 먹지 않기로 **결심**했어요.

## 결혼
남자와 여자가 가족이 되어 함께 사는 거예요. 어머니와 아버지는 **결혼**을 해서 나를 낳았어요.

## 겸손
자기가 잘하는 것을 자랑하지 않는 태도입니다. 수정이는 **겸손**해요. 피아노를 잘 치지만 남에게 자랑하지 않아요.

### 겹치다
넓고 얇은 어떤 것 위에 다른 것을 놓는 거예요. 날씨가 추워서 지영이는 옷을 두 벌 **겹쳐** 입었어요. 여러 가지 빛을 **겹치면** 다른 빛깔이 됩니다. ❇

### 경기
이기고 지는 것을 알아보기 위해 서로 겨루는 것입니다. **경기**에는 규칙이 있어요. **경기**는 둘이 하는 것도 있고 여럿이 하는 것도 있어요.

### 경찰
**경찰**은 사람들의 생명을 안전하게 보호하는 일을 합니다. 은행에 도둑이 들었다는 전화를 받고 **경찰**이 달려왔어요. 자동차 사고가 나자 **경찰**이 와서 도와주었어요. **경찰**이 모여 일을 하는 곳을 **경찰**서라고 해요.

### 경치
산이나 들, 강, 바다 등 자연의 모습이에요. 희주는 기차를 타고 가며 아름다운 **경치**를 감상했어요.

### 경험
자기가 어떤 일을 해 보아 그것이 어떻다는 것을 알게 되는 거예요. 나는 토끼를 키워 본 **경험**이 있어서 토끼에 대해 잘 알아요. 현수는 산에 가 본 **경험**이 없어요. 등산을 처음 해 봅니다.

### 계곡
산과 산 사이에 물이 흐르는 곳입니다. **계곡**의 물은 아주 차갑고 맑아요. **계곡** 주위에는 바위가 많이 있어요.

### 계단
**계단**이 있으면 높은 곳으로 올라가거나 아래로 내려올 수 있어요. 영수네 집은 2층이어서 집 안에 **계단**이 있어요.

어머니가 커튼을 **겹쳐** 달았어요.

### 겹치다‥고래

### 계속
무엇이 끊임없이 이어지거나 멈추지 않을 때 **계속**이라는 말을 써요. 비가 아침부터 **계속** 와요. 건우는 한번 노래를 시작하면 그만두라고 할 때까지 **계속** 불러요. 아버지는 동생이 잠을 잘 때까지 **계속** 안고 있었어요.

### 계절
봄, 여름, 가을, 겨울을 **계절**이라고 합니다. **계절**마다 날씨가 달라요.

마술사 모자에서 손수건이 **계속** 나와요.

### 계획
앞으로 할 일을 미리 정하는 거예요. 아버지는 아침마다 운동할 **계획**을 세웠어요. 누나는 방학 때 할 일을 **계획**했어요.

### 고개
목의 뒷부분이에요. 아기에게 우유를 주자 싫다고 **고개**를 흔들었어요. 내가 경민이네 집 앞을 지나가는데, 경민이가 창 밖으로 **고개**를 내밀고 나를 불렀어요.

### 고기
사람들이 먹는 동물의 한 부분입니다. 사람들은 소**고기**, 돼지**고기**, 닭**고기**를 많이 먹어요.

### 고래
바다에 사는 아주 큰 동물이에요. **고래**는 물 위로 올라와 숨을 쉬어요. **고래**는 땅에 사는 동물처럼 새끼를 낳아요.

### 고개 운동 시작!

고개를 절레절레
하나 둘 셋!
고개를 갸웃갸웃
하나 둘 셋!
이리 흔들 저리 흔들
하나 둘 셋!
고개를 끄덕끄덕
하나 둘 셋!
위로 아래로 운동 끝
하나 둘 셋!

ㄱ ㄴ ㄷ ㄹ ㅁ ㅂ ㅅ ㅇ ㅈ ㅊ ㅋ ㅌ ㅍ ㅎ

어떤 빵이 맛있을까요? 현주와 언니가 맛있는 빵을 **고릅니다**.

## 고르다
여러 가지 중에서 어떤 것을 구별해 내는 것입니다. 수현이는 도서관에서 빌려 갈 책을 **골랐어요**. 어머니는 사과 상자에서 큰 것을 **골라** 내게 주었어요.

## 고맙다
남이 나에게 해 준 것에 대해 기쁘게 생각하고 그것을 표현하는 거예요. 이웃집 아저씨는 **고마운** 사람이에요. 우리 집을 고칠 때 도와주셨어요. 어머니는 크리스마스 때 **고마운** 사람들에게 카드를 보냈어요.

## 고모
아버지의 누나나 여동생이에요.

## 고민
걱정하고 괴로워하는 거예요. 민정이는 언니 우산을 잃어버리고 나서 언니한테 말을 할까 말까 **고민합니다**.

## 고속도로
차만 다닐 수 있는 큰 길이에요. **고속도로**에서는 차가 쌩쌩 달려요.

할머니께서 아이에게 사탕을 받으며 "**고맙다!**" 하고 말씀하셨어요.

## 고르다‥고치다

### 고양이
'야옹' 소리를 내는 동물입니다. **고양이**는 높은 곳에 잘 뛰어 올라가고 잠을 많이 잡니다.

### 고장
기계나 물건이 잘못되어 쓸 수 없게 된 거예요. 시곗바늘이 움직이지 않아요. **고장** 난 것입니다. 냉장고가 **고장**이 나서 음식이 시원하지 않아요.

### 고체
단단한 물체를 말해요. **고체**는 모양이 있어 손으로 만질 수 있어요. 돌이나 얼음은 **고체**이고 물은 액체입니다.

### 고치다
고장 난 물건을 다시 쓸 수 있도록 하는 거예요. 현영이는 고장 난 시계를 **고치려고** 시계 가게에 갔어요. 병을 낫게 하는 것도 **고친다**고 해요.

아버지가 선미의 고장 난 자전거를 **고쳐** 주었어요.

ㄱ ㄴ ㄷ ㄹ ㅁ ㅂ ㅅ ㅇ ㅈ ㅊ ㅋ ㅌ ㅍ ㅎ

코브라는 화가 나면 몸을 **곧게** 세워요.

### 고향
태어나서 자란 곳입니다. 아버지는 경기도 이천에서 태어났어요. 그곳이 아버지 **고향**이에요.

### 곡식
사람들이 밥으로 지어 먹는 쌀이나 콩 등을 **곡식**이라고 해요. 한국 사람들은 **곡식** 중에서 쌀을 가장 많이 먹어요.

### 곤충
개미나 매미, 잠자리 등이 **곤충**이에요. **곤충**은 머리, 가슴, 배로 되어 있고, 지구에 사는 동물 중에서 수가 가장 많아요.

### 곧
시간이 오래 걸리지 않을 때 쓰는 말이에요. **곧** 방학이 됩니다. 방학이 며칠 안 남았어요.

### 곧다
무엇이 구부러지지 않은 거예요. 길 양쪽으로 나무들이 **곧게** 뻗어 있어요. 재희는 등을 **곧게** 세우고 바르게 앉았어요. ❋

### 골고루
아이들에게 사탕을 **골고루** 주었다면 모두에게 사탕을 똑같이 준 거예요. 재은이는 반찬을 **골고루** 먹어서 건강해요. ❋

건우가 화분에 물을 **골고루** 줍니다.

# 고향 · · 공부

## 골목
집과 집 사이에 있는 좁은 길입니다.

## 곰
몸이 크고 힘이 센 동물이에요. **곰**은 나무에 잘 오르고 꿀을 좋아해요.

## 곱다
보기에 좋고 예쁜 거예요. 봄이 되면 산과 들에 **고운** 꽃들이 핍니다. 소리가 맑고 듣기 좋을 때도 **곱다**고 합니다.

## 곳
어떤 자리나 장소예요. 경기장은 경기를 하는 **곳**입니다.

## 공
**공**은 둥글고 속에 공기가 차 있어요. 발로 차면 가벼워서 멀리 날아가요. 축구나 야구를 하려면 **공**이 있어야 해요.

## 공간
아무것도 없는 빈 곳입니다. 냉장고가 가득 차 수박을 넣을 **공간**이 없어요.

## 공기
숨을 쉴 때 코나 입으로 들어오는 기체입니다. **공기**가 좋다는 것은 **공기**가 맑고 깨끗하다는 뜻이에요.

## 공룡
아주 먼 옛날 지구에서 사라진 동물이에요. 몸이 매우 큰 **공룡**도 있고 날아다니는 **공룡**도 있었어요.

## 공부
모르는 것을 배우는 거예요. 나는 날마다 **공부**를 하러 학교에 갑니다. 형은 책을 보고 스스로 **공부**하는 것을 좋아해요.

희진이는 한복을 **곱게** 입고 동생과 세배 드리러 갑니다.

ㄱ ㄴ ㄷ ㄹ ㅁ ㅂ ㅅ ㅇ ㅈ ㅊ ㅋ ㅌ ㅍ ㅎ

돌고래의 멋진 **공연**에 사람들이 박수를 칩니다.

### 공연
사람들 앞에서 무용이나 노래, 악기 연주를 하는 것입니다.
극장의 불이 꺼지자 연극 **공연**이 시작되었어요. ✳

### 공원
걷거나 놀 수 있도록 가꾸어 놓은 곳입니다. **공원**에는 꽃과 나무가 많고, 사람들이 앉아서 쉴 수 있는 의자가 있어요.

### 공장
물건을 만드는 곳입니다. **공장**에서는 여러 사람들이 함께 일해요. 컴퓨터를 만드는 **공장**도 있고 과자를 만드는 **공장**도 있어요.

### 공책
무엇을 쓰거나 그리도록 종이를 책처럼 묶은 물건입니다.

# 공연·· 관심

## 과거
지나간 때를 **과거**라고 합니다. 어제 무슨 일이 있었다면 그것은 **과거**의 일입니다.

## 과수원
과일 나무를 많이 심고 가꾸는 곳입니다.

## 과일
사람들이 길러서 먹는 열매입니다. **과일**은 달고 맛있어요. 사과, 포도, 바나나 등이 **과일**이에요.

## 과자
**과자**는 먹는 거예요. **과자**는 맛있어서 아이들이 좋아해요. 수현이는 집에서 만든 **과자**를 친구들과 함께 먹었어요.

## 과학자
지구와 우주, 동물과 식물, 컴퓨터 등을 연구하는 사람입니다. 파브르는 곤충을 연구한 아주 유명한 **과학자**예요.

## 관심
어떤 것에 흥미를 가지거나 알고 싶을 때 **관심**이 있다고 합니다. 보라는 예쁜 옷에 **관심**이 많아요. 나중에 커서 옷 만드는 사람이 될 거예요.

### 우리 집 과일

봄 과일은 딸기
여름 과일은 수박
가을 과일은 사과
겨울 과일은 없지요.

나는 딸기 먹고
아빠는 수박 먹고
엄마는 사과 먹고
아기 동생은 없지요.

윤수는 공룡에 대해 **관심**이 많아요.

ㄱ ㄴ ㄷ ㄹ ㅁ ㅂ ㅅ ㅇ ㅈ ㅊ ㅋ ㅌ ㅍ ㅎ

형과 나는 망원경으로 별을 **관찰**했어요.

### 관찰
어떤 사실을 알아내기 위해 무엇을 잘 살펴보는 거예요. 세영이는 화분에 콩을 심고 자라는 것을 **관찰**하고 자세히 기록했어요.

### 광고
어떤 일이나 상품을 여러 사람에게 알리는 거예요. 현규는 텔레비전에서 새로 나온 아이스크림 **광고**를 보았어요.

### 괜찮다
어떤 물건이 **괜찮다**고 하면 그 물건이 마음에 들거나 좋다는 뜻이에요. 몸이 아프거나 어려운 일이 있을 때 **괜찮다**고 하면 힘들지만 견딜 만하다는 뜻입니다. "밥 먹을래?" 하고 물을 때 "**괜찮아요**." 하고 대답하면 밥을 안 먹어도 된다는 말입니다.

### 괴롭다
몸이 아프거나 마음이 불편한 것이에요. 희주는 친구와 싸워 마음이 **괴로웠어요**.

### 괴롭히다
괴롭게 하는 것입니다. 강아지가 싫어하는데도 꼬리를 계속 잡아당기는 것은 강아지를 **괴롭히는** 거예요.

학교 알림판에 **광고**가 붙어 있어요.

# 관찰 · · 구경

## 괴물
**괴물**을 본 사람은 아무도 없어요. **괴물**은 영화나 옛날이야기에 나오는, 무섭게 생긴 상상 속의 동물입니다.

## 교실
학생들이 공부하는 방이에요. 학교에는 **교실**이 많아요.
선생님이 **교실**에서 학생들을 가르칩니다.

## 교통
자동차, 비행기, 배 등이 오고 가는 일을 **교통**이라고 해요.
길에 차가 많으면 **교통**이 복잡해요.

## 구겨지다
종이나 헝겊을 접으면 **구겨져요**. 옷이 **구겨지면** 보기 싫어요.
아영이는 **구겨진** 종이를 펴서 다시 썼어요.

## 구경
어떤 물건이나 경치를 흥미 있게 보는 것입니다. 가을이면 사람들은 산으로 단풍 **구경**을 가요. 내 동생은 동물원에서 원숭이를 **구경**하는 것을 좋아해요. ❊

지연이는 시장에서 여러 가지 물고기를 **구경**했어요.

## 구멍

양말에 슬쩍 구멍이 나면
발가락이 얼굴 쏙 내밀며
세상 구경해요.
방이 어딘지, 목욕탕이 어딘지.

주머니에 몰래 구멍이 나면
감추어 둔 동전이 구멍 밖으로 나가
세상 구경해요.
학교가 어딘지, 놀이터가 어딘지.

사자는 갈기로 암수가 **구별**됩니다. 갈기가 있는 것이 수사자예요.

## 구급차
아픈 사람을 병원으로 실어 나르는 하얀색 차예요. **구급차**는 '삐뽀삐뽀' 하는 소리를 내며 급하게 달려요.

## 구두
신발의 한 종류예요. **구두**는 가죽으로 만든 것이 많아요.
**구두**를 신으면 발이 물에 잘 젖지 않아요.

## 구르다
어떤 것이 데굴데굴 돌며 움직이는 거예요. 아저씨가 **구르는** 공을 잡아 우리에게 던져 주었어요.

## 구르다
발을 들었다가 소리 나게 다시 내려놓는 거예요. 경기에 이기자 사람들이 신이 나서 발을 동동 **굴렀어요.**

## 구름
**구름**은 하늘에 높이 떠 있어요. 아주 작은 물방울들이 모여 **구름**이 됩니다. **구름**은 바람이 불 때마다 모양이 바뀌어요.

## 구멍
무엇이 뻥 뚫린 자리입니다. 내 신발은 **구멍**이 나서 비가 오면 발이 젖어요. 나무 **구멍**에 사는 동물도 있어요.

## 구별
무엇과 무엇이 어떤 차이가 있는지 아는 거예요.
새끼 갈매기는 어미 갈매기의 소리를 **구별**할 줄 알아요. 소리로 어미를 찾아냅니다. 정은이는 남자, 여자를 **구별**하지 않고 모든 친구와 잘 놀아요. 색을 **구별**하지 못하는 사람도 있어요.

## 구부리다
몸이나 어떤 물건을 안으로 동그랗게 만드는 거예요. 현규는 책상 밑에 떨어진 연필을 주우려고 몸을 **구부렸어요.**

구급차·· 구하다

## 구석
방이나 어떤 공간의 안쪽 모서리예요. **구석**에 있으면 남의 눈에 잘 안 보여요. 우리 집 강아지는 잠잘 때 언제나 **구석**으로 기어 들어가요.

## 구슬
작고 동그란 알입니다. **구슬**은 예쁘고 빛이 나요. 영미 옷에는 **구슬**이 많이 달려 있어요. 아이들이 골목에서 **구슬**을 가지고 놀아요. **구슬**치기 놀이를 하는 거예요.

## 구하다
위험에 빠진 사람이나 동물을 안전한 곳으로 옮기는 거예요. 사람들이 물에 빠진 아이를 **구하기** 위해 물에 뛰어들었어요. 옛날이야기 중에 주인의 목숨을 **구한** 용감한 개 이야기가 있어요.

오빠가 새끼 고양이를 **구하러** 나무에 올라갔어요.

ㄱ ㄴ ㄷ ㄹ ㅁ ㅂ ㅅ ㅇ ㅈ ㅊ ㅋ ㅌ ㅍ ㅎ

### 국기
한국의 **국기**는 태극기예요. 나라마다 **국기**가 모두 달라요.

### 군인
전쟁이 났을 때 자기 나라를 지키기 위해 싸우는 사람입니다.

### 굳다
부드럽지 않고 단단한 거예요. 빵을 밖에 놓아두었더니 **굳어서** 먹지 못하게 되었어요.

동생과 나는 마당에서 눈을 **굴렸어요**.
눈사람을 만들 거예요.

### 굴리다
공이나 돌과 같이 동그란 것을 구르게 하는 거예요.
운동회에서 아이들이 큰 공을 **굴리는** 경기를 했어요.

### 굵다
큰 나무는 줄기가 **굵어요.** 두 팔로 껴안아도 손이 서로 닿지 않아요. 어린 나무는 줄기가 **굵지** 않아요. 가늘어요.
한 손으로도 잡을 수 있어요.

## 굶다
먹어야 할 때 먹지 못한 것을 **굶었다**고 해요. 저녁밥을 **굶었다면** 저녁밥을 먹지 않은 거예요.

## 굽다
어떤 것을 불에 올려놓아 익게 하는 거예요. 혜원이 가족은 고기를 **구워서** 맛있게 먹었어요.

## 굽히다
곧게 펴 있던 것을 구부러지게 하는 거예요. 형과 나는 엎드려서 팔을 **굽혔다** 펴는 운동을 했어요. ❇

## 궁금하다
어떤 것에 대해 알고 싶은 것입니다. 진우는 천둥과 번개가 어떻게 생기는지 **궁금했어요**. **궁금한** 것이 많은 아이는 "이게 뭐예요?" "뭐하는 거예요?" "왜 이렇게 되지요?" 하고 질문을 많이 합니다.

## 귀
**귀**가 없으면 소리를 듣지 못해요. 사람의 **귀**는 얼굴 양쪽에 하나씩 있어요. 동물은 저마다 **귀** 모양이 달라요.

## 귀엽다
어떤 것이 예쁘고 사랑스러울 때 **귀엽다**고 해요. 아주 **귀여운** 아이를 귀염둥이라고 불러요. 동물의 새끼는 **귀여워요**. ❇

## 귀찮다
기분이 좋지 않아 아무것도 하기 싫은 것이 **귀찮은** 거예요. 텔레비전을 보는데 누나가 심부름을 시키면 **귀찮아요**.

## 규칙
여러 사람들이 함께 지키기로 한 약속입니다. 축구에는 손으로 공을 만지면 안 되는 **규칙**이 있어요.

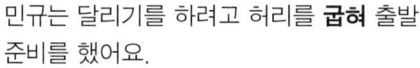

민규는 달리기를 하려고 허리를 **굽혀** 출발 준비를 했어요.

우리 집 강아지 포롱이는 정말 **귀여워요**. 안아 주고 싶어요.

## ㄱ ㄴ ㄷ ㄹ ㅁ ㅂ ㅅ ㅇ ㅈ ㅊ ㅋ ㅌ ㅍ ㅎ

외발 자전거는 **균형** 맞추기가 아주 어려워요.

### 균형
어느 한쪽으로 기울지 않은 거예요. 자전거를 탈 때는 몸의 **균형**을 잘 맞추어야 해요. 그렇지 않으면 넘어져요.

### 그네
놀이터에 가면 **그네**가 있어요. **그네**는 줄을 잡고 몸을 앞뒤로 왔다 갔다 하며 타요.

### 그늘
햇빛이 어떤 것에 가려 어두워진 곳입니다. 여름에 **그늘** 밑에 있으면 시원해요. 동물원 사자들이 나무 **그늘**에 앉아 있어요.

### 그릇
음식을 담는 물건이에요. 밥을 담으면 밥**그릇**, 물을 담으면 물**그릇**입니다.

아이들이 학교 벽에 그림을 **그려요**.

### 그리다
연필이나 여러 가지 물건으로 어떤 모양이나 경치를 나타내는 것입니다. 아주 먼 옛날에 사람들은 동굴 벽에 그림을 **그렸어요**.

균형··글자

## 그림
어떤 것을 그려 놓은 것이에요. 중석이는 로켓 **그림**을 잘 그려요.

## 그림자
햇빛이 밝게 비칠 때 밖에 나가면 자기 **그림자**를 볼 수 있어요. 해가 내 앞에 있으면 **그림자**는 뒤에 생깁니다. ✻

## 그립다
무척 보고 싶어 하는 거예요. 재훈이는 멀리 이사 간 친구가 **그리워서** 편지를 썼어요.

## 그만두다
어떤 행동을 끝까지 하지 않고 중간에 멈추는 거예요. 종익이는 겨울이 되자 수영 배우는 것을 **그만두었어요**. 아버지가 방문을 열자 나는 장난을 **그만두고** 이불을 덮었어요. 우리는 인형 놀이를 **그만두고** 숨바꼭질을 했어요.

나는 동생과 손전등을 켜고 **그림자** 놀이를 했어요.

## 극장
영화나 연극, 춤 등을 공연하는 곳입니다.

## 글
어떤 생각이나 이야기를 글자로 나타낸 것이 글이에요. 동화, 일기, 편지는 모두 **글**입니다.

## 글씨
손으로 쓴 글자를 **글씨**라고 해요. **글씨**는 쓰는 사람마다 모양이 달라요.

## 글자
말의 소리나 뜻을 눈으로 볼 수 있게 나타낸 거예요. 'ㄱ', 'ㄴ', '글', '자'가 모두 **글자**입니다.

# ㄱ

진혁이는 학교 가는 길에 친구를 발견하고 **급하게** 뛰어갔어요.

### 긁다
뾰족한 것으로 문지르는 거예요. 경수는 실수를 할 때마다 머리를 **긁는** 버릇이 있어요. 벽에 더러운 것이 붙어 어머니가 칼로 **긁어** 냈어요.

### 금붕어
보고 즐기기 위해 키우는 작은 물고기입니다. 빛깔과 모양이 여러 가지예요. **금붕어**를 담아 키우는 그릇을 어항이라고 해요.

### 급하다
무엇을 빨리 해야 할 때 **급하다**는 말을 써요. 훈이는 목이 말라 **급하게** 물을 마셨어요. 희연이는 **급하게** 문을 열고 들어오다가 넘어졌어요. ❄

### 기계
사람들이 편하게 살기 위해 만든 물건입니다. 텔레비전, 컴퓨터, 자동차 등이 **기계**예요. 우리 주위에는 **기계**가 아주 많아요.

### 기념
중요하거나 특별한 사실을 잊지 않고 떠올리는 거예요. **기념**하는 날을 **기념**일이라고 해요. 민지는 부모님의 결혼**기념**일을 축하하기 위해 선물을 준비했어요.

### 기다
배를 땅에 대고 나아가는 거예요. 개미가 방 안을 **기어** 다녀요. 엎드린 채로 두 팔과 두 다리를 써서 나아가는 것도 **기는** 거예요. 장난감을 집으려고 아기가 엉금엉금 **기어서** 갑니다.

### 기다리다
어떤 것이 오기를 바라며 시간을 보내는 것입니다. 비가 내리자 나는 우산을 들고 큰길에서 아버지를 **기다렸어요**. 세희는 추운 것을 싫어해요. 얼른 봄이 오기를 **기다립니다**.

# 굵다‥기분

## 기대다
몸이나 물건을 어떤 것에 비스듬히 대는 것입니다. 송이는 벽에 우산을 **기대어** 놓고 집 안으로 들어갔어요. 담에 **기대어** 둔 자전거가 바람에 넘어졌어요. 차를 타고 가는데 동생이 졸립다며 나에게 몸을 **기댔어요**.

## 기록
어떤 것을 잊지 않기 위해 글로 써 두는 거예요. 어머니는 내 생일 때마다 내 키와 몸무게를 **기록**해요. 공룡 박물관에 갔다 와서 나는 내가 본 것과 알게 된 것을 일기장에 **기록**했어요.

## 기르다
동물이나 채소를 잘 자라도록 돌보는 거예요. 어머니가 밭에서 **기른** 채소로 맛있는 반찬을 해 주었어요. 머리를 자르지 않고 계속 **기르면** 얼마나 길게 자랄까요?

주희는 나무에 몸을 **기대고** 앉아 책을 읽어요.

## 기린
목과 다리가 긴 동물로 몸에 얼룩덜룩한 무늬가 있어요. **기린**은 풀이나 나뭇잎을 뜯어 먹고 살아요.

## 기분
즐겁고 기쁘고 신이 나면 **기분**이 좋아요. 슬프거나 괴롭거나 화가 날 때는 **기분**이 나빠요. **기분**은 감정에 따라 변해요.

솔이네는 토끼도 **기르고** 염소도 **길러요**.

효진이는 잃어버린 강아지를 찾아 정말 **기뻤어요**.

## 기쁘다
신이 나고 기분이 좋은 거예요. 아버지가 선물을 내밀자 동생은 **기뻐서** 어쩔 줄 몰랐어요.

## 기억
어떤 일이 머릿속에 남아 있는 거예요. 현이는 삼촌과 바닷가에서 재미있게 놀았던 일을 아직도 **기억**해요. 세영이는 길에서 같은 반 아이를 만났는데 이름이 **기억**나지 않았어요.

## 기온
공기의 온도가 **기온**이에요. **기온**이 낮으면 춥고 **기온**이 높으면 더워요. **기온**이 갑자기 내려가서 선우는 감기에 걸렸어요.

## 기운
**기운**이 없다면 몸에 힘이 빠진 거예요. **기운**이 세다면 힘이 센 거예요. 건강한 사람은 **기운**이 넘쳐요.

## 기울다
양쪽의 무게가 똑같지 않으면 무거운 쪽으로 **기울어요**. 벽에 걸린 그림이 왼쪽으로 **기울었어요**. 왼쪽이 조금 내려간 거예요.

누나와 시소를 탔는데 우리가 앉은 쪽으로 시소가 **기울었어요**.

# 기쁘다 ‥ 깎다

## 기차
아주 긴 차예요. **기차**는 사람이나 물건을 싣고 먼 곳까지 갑니다. **기차**가 출발하고 도착하는 장소를 역이라고 합니다.

## 기체
공기나 연기가 **기체**예요. **기체**는 모양이 없고 손으로 만질 수 없어요. 물을 끓이면 **기체**가 되어 날아가요.

## 길
어떤 곳으로 가려면 **길**이 있어야 해요. **길**은 사람이나 차가 다니도록 만들어 놓은 곳이에요. 골목**길**도 **길**이고 고속도로도 **길**입니다. 하늘에도 비행기가 다니는 **길**이 있어요.

## 길다
뱀은 **길어요**. 머리에서 꼬리까지 멀리 떨어져 있어요. 아이들이 노래를 해요. "바나나는 **길어**, **길면** 기차." ❄

## 길이
**길이**를 알면 얼마나 길고 짧은지 알 수 있어요. 어머니는 새로 산 바지가 길어서 **길이**를 줄였어요.

## 김치
한국 사람들이 가장 좋아하는 반찬이에요. **김치**는 빨갛고 매워요. 여러 가지 채소로 담그는데 종류가 아주 많아요.

## 깊다
겉에서 속까지, 위에서 아래까지의 거리가 먼 거예요. 바다는 땅에서 멀어질수록 **깊어요**.

## 깎다
칼로 겉을 얇게 벗겨 내는 거예요. 누나는 왼손으로도 사과를 잘 **깎아요**. 긴 것을 짧게 잘라 내는 것도 **깎는다**고 해요. 동호는 머리를 짧게 **깎아서** 시원해 보여요.

고니는 목이 **길어요**.

ㄱ **ㄴ** ㄷ ㄹ ㅁ ㅂ ㅅ ㅇ ㅈ ㅊ ㅋ ㅌ ㅍ ㅎ

### 깜짝
갑자기 놀라는 모습을 나타내는 말이에요. 천둥소리가 나서 은비는 **깜짝** 놀랐어요. 누가 등을 툭 쳐서 **깜짝** 놀라 돌아보니 아버지였어요.

### 깨끗하다
먼지나 때가 없는 것이에요. 선미는 나갔다 오면 먼저 손을 **깨끗하게** 씻어요. 비가 오고 나면 거리가 **깨끗해져요**. 빗물이 더러운 것을 쓸어 가기 때문이에요.

### 깨다
무엇을 쳐서 조각나게 하는 거예요. 새끼 오리가 알을 **깨고** 밖으로 나왔어요. 은석이가 공놀이를 하다 잘못해서 유리창을 **깼어요**.

아저씨가 얼음을 **깨서** 멋진 용을 만들고 있어요.

### 깨다
잠을 자다 눈을 뜨는 거예요. 주연이는 자다가 무슨 소리를 듣고 잠에서 **깼어요**. 늦게 자면 아침에 일찍 **깰** 수 없어요.

### 깨닫다
모르고 있던 사실을 알게 되는 것입니다. 나는 길을 나서자마자 열쇠를 집 안에 두고 왔다는 것을 **깨달았어요**. 동생이 아플 때 민규는 동생의 소중함을 **깨달았어요**.

## 깜짝··꽃

### 꺼내다
안에 있던 것을 밖으로 내놓는 거예요. 누나는 가방에서 책을 **꺼냈어요**. 나는 냉장고에서 주스를 **꺼내** 마셨어요.

### 꺾다
나뭇가지를 **꺾었다면** 나무에서 가지를 잘라 낸 거예요. 공원에 있는 꽃은 함부로 **꺾으면** 안 됩니다.

### 껍데기
조개, 달걀 등의 겉을 싸고 있는 단단한 것이 **껍데기**예요.

### 껍질
수박이나 옥수수는 **껍질**로 싸여 있어요. 동생이 바나나를 먹으려고 **껍질**을 벗겼어요.

### 껴안다
두 팔을 끼어서 무엇을 안는 것입니다. 할머니는 내가 학교에서 돌아오면 나를 **껴안아** 줍니다. ❄

### 꼬리
**꼬리**는 동물의 몸 뒤쪽에 붙어 있어요. 사람은 **꼬리**가 없어요.

### 꼬마
어린아이를 귀엽게 부를 때 **꼬마**라고 해요.

### 꽂다
밖으로 빠지지 않도록 어떤 것을 찔러 넣는 거예요. 현아는 꽃병에 꽃을 예쁘게 **꽂았어요**. 어머니는 바느질을 하고 나면 바늘을 바늘꽂이에 **꽂아** 두어요. ❄

### 꽃
**꽃**은 식물에서 가장 아름답고 색이 화려한 부분이에요. **꽃**은 모양과 크기가 여러 가지입니다.

어미 원숭이가 새끼 원숭이를 **껴안아** 줍니다.

다 읽은 책은 책장에 잘 **꽂아** 두어야 해요.

우리 가족은 크리스마스가 다가오면 집 안을 멋지게 **꾸며요**.

## 꾸미다
어떤 것을 보기 좋게 만드는 것입니다. 혜은이는 선물 상자를 예쁘게 **꾸며서** 친구 생일잔치에 들고 갔어요.

## 꿀
**꿀**은 달아요. **꿀**은 벌이 만들어요.

## 꿈
사람들은 잠을 자면서 **꿈**을 꿉니다. **꿈**을 꾸면 어떤 일이 실제로 눈앞에서 일어난 것처럼 보고 느끼게 됩니다. 나중에 무엇이 되고 싶은 것도 **꿈**이라고 해요. 내 **꿈**은 의사가 되어 아픈 사람을 고쳐 주는 거예요.

## 끄다
불을 **끄면** 불이 더 이상 타지 않아요. 텔레비전을 **끄면** 텔레비전이 안 나와요. 전등을 **끄면** 어두워요.

## 꾸미다 ‥ 끼다

### 끈
무엇을 묶을 때 쓰는 물건이에요. **끈**은 가늘고 길어요.

### 끊다
이어져 있는 것을 잘라 서로 떨어지게 하는 거예요. 어머니는 옷에 단추를 달고 남은 실을 **끊었어요**.

### 끊어지다
이어져 있던 것이 잘라져 서로 떨어지게 되는 거예요. 연의 실이 **끊어지자** 연이 하늘 높이 날아갔어요.

### 끌다
바닥에 놓인 것을 잡아당기는 거예요. 형과 나는 책상을 **끌어서** 옮겼어요. 석이는 자전거를 타다 고장이 나서 집까지 **끌고** 왔어요. 동생이 바퀴 달린 장난감을 **끌고** 놀아요.

### 끓다
불 위에 물을 올려놓으면 물이 **끓어요**. **끓는** 물은 아주 뜨거워요. 어머니는 음식이 **끓자** 불을 껐어요.

### 끓이다
어떤 것을 끓게 하는 거예요. 민주네는 여름이 되면 언제나 물을 **끓여** 먹어요.

### 끝
어떤 일을 다 했을 때나 어떤 것의 마지막 부분을 **끝**이라고 해요. 연극이 **끝**이 나자 사람들이 모두 손뼉을 쳤어요. 공원을 찾으세요? 길을 따라 **끝**까지 가면 공원이 있어요. ✳

### 끼다
좁은 공간에 어떤 것을 밀어 넣거나 꽂아서 빠지지 않도록 하는 거예요. 현주는 나뭇잎을 주워 책 속에 **끼워** 두었어요. 영채는 팔에 책을 **끼고** 걸었어요.

치타는 몸이 얼룩덜룩하지만 꼬리 **끝**은 하얘요.

# 니은

# 나 ‥ 나무

## 나
자기 자신을 가리키는 말입니다. 어머니가 공원에 가자고 하자 민수는 말했어요. "**나**는 가기 싫어요." 하지만 동생은 "**나**는 가고 싶어요." 하고 말했어요.

## 나가다
안에서 밖으로 가는 거예요. 학교가 끝나자 아이들이 운동장으로 우르르 **나갔어요**. 고양이가 밖으로 **나가** 마당을 돌아다녀요.

## 나누다
어떤 것을 여러 부분으로 만드는 거예요. 호영이는 사과를 둘로 **나누어** 형과 함께 먹었어요. 선생님은 축구를 하기 위해 아이들을 두 편으로 **나누었어요**.

어머니가 케이크를 네 조각으로 **나누었어요**.

## 나다
무엇이 생기는 거예요. 마당에 풀이 많이 **났어요**. 효진이는 할머니 생각이 **나서** 할머니께 전화를 걸었어요. 내 동생은 이가 두 개 **났어요**. 건강을 돌보지 않으면 병이 **나요**.

## 나라
미국, 중국, 일본 등이 **나라**예요. 우리**나라**는 대한민국입니다. 한국이라고 부르기도 해요.

## 나르다
물건을 다른 곳으로 옮기는 거예요. 재원이는 이삿짐을 **날랐어요**. 개미는 자기 몸보다 큰 먹이를 **나를** 수 있어요.

## 나무
줄기가 단단하고 가지가 많은 식물입니다. **나무**에는 꽃이 피고 열매가 열려요. **나무**는 여름에 시원한 그늘을 만들어 주고 겨울에는 바람을 막아 줍니다.

영채가 화분을 밖으로 **나릅니다**.

## 나뭇잎
나뭇가지에서 나는 잎이에요. 나무마다 **나뭇잎**의 모양이 달라요. 겨울에 **나뭇잎**이 떨어지면 봄에 새 잎이 납니다.

## 나비
날아다니는 곤충입니다. **나비**의 날개는 크고 화려해요. **나비**는 이 꽃 저 꽃을 날아다니며 꽃가루를 옮겨요.

## 나쁘다
좋지 않은 거예요. 친구와 말다툼을 하면 기분이 **나빠요**. 옳지 않은 것도 **나쁘다**고 해요. 거리에 쓰레기를 버리는 것은 **나쁜** 행동이에요.

## 나서다
앞으로 나와 서는 거예요. 공원에 가려고 하자 강아지가 먼저 **나섰어요**.

## 나아가다
어디를 향해 앞으로 움직이는 것입니다. 마라톤에서 한국 선수가 앞으로 **나아가자** 사람들이 기뻐했어요.

정민이가 공을 차면서 앞으로 **나아갔어요**.

# 나뭇잎 ‥ 나타나다

펭귄이 물에서 헤엄을 치다 물 밖으로 **나옵니다**.

## 나오다
안에서 밖으로 오는 거예요. 친구가 "어서 **나와**! 놀자." 하고 외쳤어요. 누나는 방에 들어가면 **나올** 생각을 안 해요.

## 나이
태어나서 몇 해를 살았는지를 수로 나타낸 거예요. 옆집 누나가 **나이**를 물어보아 나는 일곱 살이라고 대답했어요.

## 나이테
나무줄기를 자르면 보이는 둥근 무늬예요. **나이테**는 1년에 하나씩 생겨요. **나이테**를 보면 나무의 나이를 알 수 있어요.

## 나중
시간이 지난 뒤를 뜻해요. 잠깐 뒤일 수도 있고 오랜 시간이 지난 뒤일 수도 있어요. 은서와 진호는 집으로 돌아가면서 **나중**에 또 놀기로 했어요.

## 나타나다
보이지 않던 것이 눈에 보이거나 생기는 거예요. 선아는 꿈에 도깨비가 **나타나** 깜짝 놀랐어요. 비가 온 뒤에 하늘에 무지개가 **나타났어요**.

### 일요일 아침

| | |
|---|---|
| 일어나라. | 과자 주세요. |
| 나중에. | 나중에. |
| 세수해라. | 저 좀 보세요. |
| 나중에. | 나중에. |
| 옷 입어라. | 놀이터 가요. |
| 나중에. | 나중에. |
| 이불 정리해라. | 나하고 놀아요. |
| 나중에. | 나중에. |

### 낚시
뾰족하고 구부러진 바늘로 물고기를 잡는 거예요. 사람들은 강이나 호수, 바다에서 **낚시**를 합니다.

### 날
지구가 한 바퀴 도는 시간입니다. 밤 12시부터 다음 밤 12시까지의 24시간을 말해요.

### 날개
새나 곤충이 하늘을 날 때 쓰는 몸의 한 부분이에요. **날개**는 몸의 오른쪽과 왼쪽에 쌍으로 달려 있어요.

### 날다
날개를 움직여 하늘에 떠서 다니는 거예요. 사람은 날개가 없어서 **날지** 못해요.

### 날리다
가벼운 것이 바람 부는 대로 이리저리 움직이는 것입니다. 꽃잎이 바람에 **날려** 하늘하늘 떨어져요.

규환이가 언덕에서 연을 **날립니다**.

# 낚시‥낫다

## 날마다
하루도 빠지지 않고 무엇을 할 때 쓰는 말입니다. 사람들은 **날마다** 잠을 자요. 어머니는 **날마다** 나에게 동화책을 읽어 줍니다.

## 날씨
**날씨**를 알려면 밖을 보아야 해요. 비가 오거나 바람이 불고 눈이 오는 것 등이 **날씨**예요.

## 날짜
무엇을 하기로 정한 날입니다. 오늘 학교에서 소풍 가는 **날짜**를 알려 주었어요. **날짜**는 날의 수를 뜻하기도 해요. ✱

규하는 생일이 얼마나 남았는지 달력에서 **날짜**를 세어 보았어요.

## 남
나 아닌 다른 사람이 **남**이에요. 새 모자를 썼더니 **남**들이 모두 나만 쳐다보는 것 같았어요.

## 남다
사과 다섯 개에서 세 개를 먹으면 두 개가 **남아요**. 가족들이 모두 밖에 나가 강아지 혼자 집에 **남았어요**. 12에서 3을 빼면 얼마가 **남지요**? ✱

## 남자
아버지, 아저씨, 할아버지, 오빠, 형, 삼촌은 모두 **남자**예요. 여자가 아닌 사람은 모두 **남자**입니다.

## 남쪽
방향을 가리키는 말이에요. 해가 뜨는 쪽을 바라보고 섰을 때 오른쪽이 **남쪽**입니다.

## 낫다
병이나 상처가 없어지는 거예요. 감기가 **나아서** 수진이는 학교에 갔어요.

현우는 공책을 사고 200원이 **남았어요**.

## 낮

해가 떠 있을 때를 가리키는 말입니다. **낮**은 밝고 환해요. **낮**이 지나면 밤이 됩니다.

## 낮다

아래에서 위까지 길이가 짧은 거예요. 학교 뒤에 **낮은** 산이 있어요. 계단이 **낮으면** 오르고 내리기 편해요. ❈

우리 집은 울타리가 **낮아** 옆집과 친하게 지내요.

## 낮잠

낮에 자는 잠입니다. 아기 동생은 날마다 한 번씩 **낮잠**을 자요.

## 낱말

하나하나 떨어져 있는 말입니다. '나', '지금', '국어', '사전', '읽다'가 모두 **낱말**이에요. 이 **낱말**을 붙여 읽으면 '나는 지금 국어사전을 읽는다.' 는 문장이 되지요. 우리가 보고 있는 이 책은 **낱말**로 가득 차 있어요.

## 낳다

동물이 몸 안에 있던 새끼를 밖으로 내놓는 것입니다. 새는 알을 **낳고** 사람은 아기를 **낳아요**.

# 낮··내려오다

### 내놓다
무엇을 밖으로 가져다 놓는 것입니다. 아침이 되면 어머니는 화분을 밖으로 **내놓아요**. 빨래를 햇빛에 **내놓으면** 잘 말라요.

### 내다
무엇을 생기게 하거나 밖으로 나오게 하는 거예요. 강아지가 안아 달라고 끙끙 소리를 **내요**. 형이 책을 사고 돈을 **냈어요**.

### 내려가다
위에서 아래로 가는 거예요. 우리 집은 학교보다 높은 곳에 있어요. 집에서 학교로 가려면 길을 **내려가야** 해요.

### 내려놓다
위에 있거나 들고 있던 것을 아래에 놓는 거예요. 아저씨들이 차에서 이삿짐을 **내려놓았어요**.

### 내려오다
위에서 아래로 오는 거예요. 선영이는 아버지와 함께 산에 올라갔다 **내려왔어요**. 올라갈 때는 힘들었지만 **내려올** 때는 쉬웠어요.

아이들이 눈썰매를 타고 신 나게 **내려옵니다**.

## 내리다
어떤 것이 내려와 땅이나 바닥에 닿는 거예요. 눈이 **내려** 세상이 하얗게 변했어요. 지하철을 탈 때는 **내리는** 사람이 모두 **내린** 다음에 타야 해요.

## 내밀다
어떤 것을 앞이나 밖으로 미는 거예요. 어린아이가 자동차 창문 밖으로 손을 **내밀고** 있군요. 위험해요! ✳

## 내일
오늘의 다음 날이에요. 오늘 밤을 자고 나면 **내일**이 됩니다.

## 냄새
**냄새**는 코로 맡아요. 음식을 만들면 맛있는 **냄새**가 납니다. 꽃에서는 좋은 **냄새**가 나요. 개는 **냄새**를 아주 잘 맡아요.

## 냉장고
음식이 상하지 않도록 넣어 두는 기계예요. **냉장고**에 음식을 넣어 두면 차가워져요.

## 너무
**너무** 춥다는 것은 견디기 힘들 만큼 추운 거예요. 어머니 옷은 **너무** 커요. 내가 입으면 옷이 바닥에 닿아요. 민지는 밖에서 놀다 **너무** 늦게 돌아와서 어머니에게 혼났어요.

## 넓다
학교 운동장은 **넓어요**. 운동장에서는 축구도 할 수 있고 달리기도 할 수 있어요. 상우네는 마당이 **넓어요**. 마당에 나무도 있고 꽃밭도 있어요.

## 넓이
**넓이**를 알면 얼마나 넓고 좁은지 알 수 있어요. 오빠 방은 내 방보다 커요. 오빠 방의 **넓이**가 내 방보다 더 넓은 거예요.

거북이 고개를 **내밀고** 주위를 살펴봅니다.

# 내리다 ‥ 넘치다

기수를 태운 말이 장애물을 훌쩍 **넘어요**.

## 넘다
높은 곳을 지나거나 건너는 거예요. 저 언덕을 **넘으면** 우리 동네가 보여요. 자동차가 없던 옛날에는 작은 산은 걸어서 **넘었어요**.

## 넘어가다
어디를 넘어서 가는 거예요. 해가 뒷산으로 **넘어가자** 곧 달이 떴어요.

## 넘어지다
균형을 잃고 쓰러지는 것입니다. 유현이는 뛰어가다 돌에 걸려 **넘어졌어요**.

## 넘치다
무엇이 가득 차서 밖으로 흐르는 거예요. 급하게 물을 따랐더니 물이 컵 밖으로 **넘쳤어요**.

수돗물이 **넘쳐요**. 잠가야겠어요.

## 넣다
안에 무엇을 놓는 거예요. 찬호는 주머니에 손을 **넣고** 걸었어요. 진영이는 장난으로 친구 가방에 개구리를 **넣었어요**. 현이는 신발장에 **넣어** 둔 신발을 꺼내 신었어요.

## 네모
모서리가 네 개 있는 모양입니다. 사각형이라고도 해요. 우리 주위에는 **네모** 모양의 물건이 많아요. 공책, 책상, 창문, 이불…… 모두 **네모**예요.

## 넷
셋 다음에 오는 수입니다. 셋에 하나를 더하면 **넷**이 되지요. 호랑이의 다리는 **넷**입니다. 고양이 다리도 **넷**이에요.

## 노랗다
병아리나 바나나 색을 **노랗다**고 해요. **노란** 옷을 입은 아이들이 선생님을 따라 소풍을 갑니다. ❇

병아리는 몸이 **노란** 털로 덮여 있어요.

## 노래
목소리로 만드는 음악입니다. 내가 생일 축하 **노래**를 시작하자 가족들이 따라 불렀어요. 음악 시간에 아이들이 피아노 소리에 맞추어 **노래**를 불렀어요.

## 노력
어떤 일을 이루기 위해 열심히 하는 것입니다. 민주는 글씨를 바르게 쓰려고 **노력**해요. 연필을 똑바로 잡고 한 글자씩 정성껏 씁니다. 어렵고 힘든 일도 **노력**하면 누구나 잘할 수 있어요.

## 노인
늙은 사람을 말해요. 할아버지, 할머니가 **노인**이에요. **노인**이 되면 머리가 하얗게 됩니다. 아버지는 버스에 **노인**이 타면 언제나 자리를 양보해요.

# 넣다·· 놀다

## 녹다
굳고 단단한 것이 물과 같은 액체로 되는 거예요. 봄이 되자 산에 눈이 모두 **녹았어요**. 가루가 액체에 섞여 보이지 않게 되는 것도 **녹는** 거예요. 소금은 물에 **녹아요**. ✳

## 녹색
한여름의 나뭇잎 색이에요. 오이 껍질도 **녹색**입니다.

## 녹이다
무엇을 녹게 하는 거예요. 아이들이 꽁꽁 언 손을 **녹이려고** 손을 입에 대고 호호 불어요.

## 논
벼가 자라는 땅입니다. 벼가 익으면 **논**이 노랗게 보여요.

## 놀다
재미있는 것을 하며 즐겁게 시간을 보내는 거예요. 일이나 공부를 하는 것은 **노는** 것이 아닙니다. ✳

날씨가 더워서 먹기도 전에 아이스크림이 **녹았어요**.

현수는 학교가 끝나고 아이들과 운동장에서 **놀았어요**.

## 놀라다
갑자기 어떤 일이 일어나 무서운 마음이 드는 거예요. 어두운 밤에 골목에서 사람이 나타나자 태수는 깜짝 **놀랐어요**. 좋은 일이 생겼을 때도 **놀라요**. 승훈이는 친구한테 선물을 받고 **놀라기도** 하고 기쁘기도 했어요. ❋

## 놀리다
남에게 장난을 쳐서 기분을 나쁘게 하는 거예요. 경석이는 형이 원숭이라고 **놀려서** 몹시 화가 났어요.

## 놀이
친구들과 무슨 **놀이**를 하고 놀아요? 기차 **놀이**? 병원 **놀이**? 재미있는 **놀이**가 아주 많지요. 채린이는 인형 **놀이**를 가장 좋아해요.

## 놀이터
여러 아이들이 함께 놀 수 있도록 만든 장소입니다. 저녁이 되면 **놀이터**에서 놀던 아이들이 집으로 돌아갑니다.

## 농부
농사짓는 사람을 **농부**라고 합니다.

## 농사
곡식, 과일, 채소를 심고 기르는 일을 말합니다. **농사**하는 것을 **농사짓는다**고 해요. 시골에서는 **농사**를 많이 지어요.

## 농장
소, 돼지, 말 등을 기르는 넓은 땅입니다. 꽃을 기르는 **농장**도 있어요. 시원이는 **농장**에 가서 말에게 먹이를 주었어요.

## 농촌
농사짓는 사람들이 모여 사는 곳이에요. **농촌**에는 논과 밭이 많아요. 시골과 비슷한 뜻으로 쓰입니다.

다빈이는 가방 안에서 새끼 고양이가 잠자고 있는 것을 보고 깜짝 **놀랐어요**.

놀라다 ‥ 눈

## 높다
아래에서 위까지 길이가 긴 거예요. 학교는 5층이고, 우리 아파트는 15층이에요. 우리 아파트가 학교보다 더 **높아요**. **높은** 산은 오르기 힘들어요. 독수리가 하늘 **높이** 날아가요. 백두산은 한국에서 가장 **높은** 산입니다.

## 높이
**높이**를 알면 얼마나 높고 낮은지 알 수 있어요. 한라산의 **높이**는 1,950미터예요.

## 놓다
물건을 어디에 두는 것입니다. 어머니는 식탁에 밥그릇을 **놓고**, 나는 숟가락을 **놓았어요**. 무엇을 잡고 있던 손을 펴는 거예요. 동생이 내 손을 **놓고** 앞으로 달려갔어요. **놓다**는 '내려놓다', '빼놓다'처럼 다른 낱말에 붙여서 쓰기도 합니다.

## 누나
남자가 자기보다 나이 많은 여자 형제를 부를 때 **누나**라고 합니다. 훈이는 **누나**가 많아요. **누나**가 셋이나 있어요.

## 누르다
힘을 주어 미는 것입니다. 정호는 리모컨을 **눌러** 텔레비전을 켰어요. 소은이가 엉덩이로 풍선을 **눌렀더니** 터졌어요.

## 눈
무엇을 보려면 **눈**으로 보아야 해요. **눈**은 코 위에 있어요. **눈**은 두 개입니다.

## 눈
겨울에 하늘에서 떨어지는 하얗고 가벼운 얼음 조각이에요. 손으로 **눈**을 만지면 물이 되어 녹아요. **눈**이 많이 오는 나라에서는 **눈**으로 집도 만들어요.

어머니가 과자를 **높은** 곳에 올려 두었어요.

미진이는 모자가 바람에 날아가지 않도록 손으로 **눌렀어요**.

### 눈물

슬프거나 아파서 엉엉 울 때 눈에서 나오는 물이에요. 경아는 주사를 맞을 때 너무 아파서 **눈물**이 났어요. 기쁠 때나 감동할 때도 **눈물**이 납니다.

### 눕다

등과 팔다리를 바닥에 대는 거예요. 친구와 나는 풀밭에 **누워** 밤하늘의 별을 세어 보았어요. 내가 잠자려고 **누웠더니** 동생도 따라 **누웠어요**. ✳

아버지가 소파에 **누워** 세훈이를 들어 올렸어요.

### 뉘우치다

자기의 잘못을 스스로 깨닫고 미안한 마음을 가지는 거예요. 영준이는 은지를 놀린 것을 **뉘우치고** 은지에게 사과했어요. 잘못된 행동에 대해 **뉘우치고** 사과하는 것은 옳은 일입니다.

### 느끼다

얼음을 만지면 차가워요. 김치를 먹으면 매워요. **느낀다**는 것은 무엇이 몸에 닿아 그것이 어떻다는 것을 알게 되는 거예요. 마음으로 **느끼는** 것도 있어요.

# 눈물‥늦다

## 느낌
몸이나 마음으로 느껴지는 기분이에요. 고양이 털을 만지면 어떤 **느낌**일까요? 깨끗한 옷을 입으면 상쾌한 **느낌**이 들어요.

## 느리다
움직이는 데 시간이 오래 걸리는 거예요. 동물 중에 가장 **느린** 동물은 무엇일까요?

## 늘다
원래 있던 것보다 많아지는 거예요. 책이 많이 **늘어** 책장에 모두 꽂을 수 없어요. 재호는 지난해보다 몸무게가 **늘었어요**.

## 늘어나다
길어지거나 많아지는 거예요. 유치원에 아이들이 **늘어나** 의자가 더 필요해요. 내 뒤로 사람들이 더 와서 줄이 **늘어났어요**. ❊

## 늘어놓다
물건을 여기저기 놓은 거예요. 아줌마가 길에 채소를 **늘어놓고** 장사를 합니다. 친구가 책상에 우표를 **늘어놓고** 내게 자랑했어요. ❊

## 늙다
나이가 많은 것입니다. 우리 할머니는 어머니보다 더 **늙었어요**.

## 늦다
학교가 9시에 시작하는데 10시에 갔다면 학교에 **늦은** 거예요. 경수는 **늦게** 일어나서 아침밥을 못 먹었어요. 수지는 약속 시간에 **늦을까** 봐 일찍부터 서둘렀어요.

형이 내 모자를 써서 모자가 **늘어났어요**.

예준이가 방 안 가득 장난감을 **늘어놓고** 놀아요.

디귿

# 다가가다 • • 다리

## 다가가다
어디에 가까이 가는 거예요. 내가 **다가가자** 비둘기가 푸드덕 날아갔어요. 나는 형 뒤로 **다가가** 형을 깜짝 놀라게 했어요.

## 다가오다
무엇이 가까이 오는 거예요. 학교 가는 길에 재호가 손을 흔들며 나에게 **다가왔어요**. 날씨가 점점 추워져요. 겨울이 **다가오고** 있어요.

## 다니다
오고 가는 거예요. 아버지는 회사에 **다니고** 언니는 학교에 **다녀요**. 큰 공원에는 자전거가 **다니는** 길이 있어요.

## 다람쥐
숲 속에 사는 작은 동물로 등에 줄무늬가 있어요. **다람쥐**는 나무를 잘 타고 단단한 열매를 좋아합니다.

## 다르다
서로 같지 않은 거예요. 친구들은 모두 파란색 모자를 썼는데 나만 **다른** 색 모자를 썼어요. 경아와 경은이는 형제지만 얼굴도 **다르고** 성격도 **달라요**.

## 다리
몸의 한 부분이에요. 동물은 **다리**로 걷거나 뛰어요. 사람의 **다리**는 두 개이고 짐승의 **다리**는 네 개예요. 의자나 책상에도 **다리**가 있어요.

## 다리
강이나 바다를 건너기 위해 만들어 놓은 것이 **다리**예요. 계곡 사이에 **다리**를 놓기도 해요. 육교는 찻길을 건너도록 만든 **다리**입니다.

건우가 양을 보려고 살금살금 **다가가요**.

## 다리

돌을 놓았다 돌다리
징검징검 징검다리
외발로 가라 외다리
앉았다 일어선다 사람 다리

끝까지 갔다 돌다리
건너다 빠졌다 징검다리
뛰면 안 된다 외다리
다리로 다리 건넌다.

ㄱㄴㄷㄹㅁㅂㅅㅇㅈㅊㅋㅌㅍㅎ

### 다섯
하나, 둘, 셋, 넷, 그 다음이 **다섯**입니다. 한 손의 손가락은 **다섯** 개예요.

### 다시
어떤 것을 한 번 더 할 때 쓰는 말이에요. 경민이는 친구에게 쓴 편지가 마음에 들지 않아 **다시** 썼어요.

### 다음
밥 먹은 **다음**에 목욕을 했다면, 밥을 먹고 나서 목욕을 한 거예요. 민주는 **다음** 해에 여섯 살이 돼요.

철호는 **다친** 고라니를 집에 데려와 치료해 주었어요.

### 다치다
넘어지거나 부딪쳐서 몸이 상하는 거예요. 차가 다니는 길에서 놀면 **다치기** 쉬워요. 조심해야 해요.

### 다투다
서로 자기가 옳다며 싸우는 거예요. 영수와 나는 공을 가지고 놀다가 **다투었어요**.

## 다섯 · · 달다

### 닦다
문질러서 깨끗하게 하는 것입니다. 선미가 책상 위의 먼지를 깨끗하게 **닦았어요**. ✱

### 단단하다
돌이나 바위는 **단단해요**. **단단한** 물건은 쉽게 깨지지 않아요. 물이 얼면 **단단한** 얼음이 됩니다.

### 단추
**단추**는 작고 동그래요. 옷을 입을 때는 **단추**를 잠그고 옷을 벗을 때는 **단추**를 풀어요.

### 단풍
가을에 나뭇잎이 노란색과 빨간색으로 변하는 것입니다. **단풍**이 들면 산이 울긋불긋 보기 좋아요.

### 닫다
문을 **닫으면** 들어갈 수도 없고 나갈 수도 없어요. 상자나 병뚜껑을 **닫으면** 안에 있는 것을 꺼내지 못해요. 어머니는 집을 나가기 전에 문을 꼭 **닫아요**. ✱

### 달
**달**은 밤하늘에 환하게 떠 있어요. 원래 둥근 모양이지만 날마다 조금씩 다르게 보입니다. **달**은 지구 주위를 돌아요. 한 해를 열둘로 나눈 것 중에 하나를 말하기도 해요. 정연이는 이번 **달**만 지나면 일곱 살이 돼요.

### 달걀
닭이 낳은 알이에요. 닭이 **달걀**을 품으면 병아리가 나옵니다. 사람들은 **달걀**을 요리해서 먹어요.

### 달다
꿀이나 설탕 맛이에요. 단것을 많이 먹으면 이가 썩어요.

동생과 나는 일어나자마자 이를 **닦아요**.

비가 쏟아지자 예지는 창문을 **닫았어요**.

현이는 어버이날에 어머니께 꽃을 **달아** 드립니다.

### 달다
무엇을 어디에 꽂거나 거는 거예요. 옷에 단추가 떨어져 어머니가 **달아** 주었어요. 책상 위에 시계를 **달았더니** 시간을 보기가 편해요.

### 달리다
빨리 움직여 가는 것입니다. 기차는 자전거보다 빨리 **달려요**. 우진이는 한 번도 쉬지 않고 집까지 **달렸어요**. 달리기는 정해진 거리를 빨리 **달리는** 운동입니다.

### 달아나다
쫓아오는 것을 피해 빨리 달리는 거예요. 영수가 팔을 내밀었더니 고양이가 **달아났어요**. 큰 개가 쫓아오자 작은 개가 **달아나요**.

### 닭
집에서 기르는 새입니다. **닭**은 새벽이 되면 '꼬끼오' 하고 울어요. 사람들은 고기나 알을 얻기 위해 **닭**을 키워요.

### 닮다
모양이나 행동이 비슷한 거예요. 아버지도 눈이 크고 나도 눈이 커요. 우리는 눈이 **닮았어요**. 언니와 나는 쌍둥이처럼 **닮았다는** 소리를 많이 들어요.

송아지가 어미 소를 **닮아** 얼룩덜룩해요.

# 달다·· 당기다

## 담
집이나 건물을 둘러싼 벽입니다. 종수가 던진 공이 학교 **담** 밖으로 날아갔어요.

## 담그다
어떤 것을 액체 속에 넣는 거예요. 동호는 따뜻한 물에 손을 **담갔어요**. 김치를 만드는 일도 **담근다**고 해요.

## 담다
어떤 것을 그릇에 넣는 거예요. 채연이는 꽃을 심으려고 화분에 흙을 **담았어요**. ✳

어머니는 김치를 통에 차곡차곡 **담아요**.

## 답
모든 문제에는 **답**이 있어요. 한글은 누가 만들었을까요? **답**은 '세종대왕'입니다.

## 당기다
어떤 것을 자기 쪽으로 오게 하는 것입니다. 나는 의자에 앉을 때 의자를 앞으로 **당겨서** 앉아요. 어떤 문은 **당겨야** 열리고 어떤 문은 밀어야 열립니다.

ㄱㄴㄷㄹㅁㅂㅅㅇㅈㅊㅋㅌㅍㅎ

원숭이는 나무 타는 재주가 **대단해요**.

## 닿다
무엇과 무엇이 붙는 거예요. 만화책이 높은 데 꽂혀 있어서 손이 **닿지** 않아요. 배가 강가에 **닿자** 사람들이 모두 배에 탔어요.

## 대다
무엇과 무엇을 닿게 하는 거예요. 은주는 책을 읽다가 책상에 얼굴을 **대고** 잠이 들었어요.

## 대단하다
아주 특별하거나 뛰어난 것을 말해요. 축구 경기를 보러 **대단히** 많은 사람들이 모였어요. 바람이 **대단해요**. 지붕이 날아갈 것 같아요.

## 대답
어머니가 "민서야!" 하고 부를 때 민서가 "네." 하고 말하는 것이 **대답**하는 거예요. 무엇을 물어보았을 때도 **대답**을 해요. 선생님이 규희에게 커서 무엇이 되고 싶은지 묻자 규희는 작가가 되고 싶다고 **대답**했어요.

## 대로
들은 **대로** 말했다면 들은 것을 똑같이 말한 거예요. 마음**대로** 했다면 하고 싶은 것을 한 거예요. 수정이는 그리고 싶은 **대로** 그림을 그렸어요.

## 대화
화내지 않고 서로 이야기를 주고받는 것입니다. 우리 형은 외국 사람과 영어로 **대화**를 나눌 수 있어요.

## 더
밥을 한 그릇 먹고 **더** 먹었다면 두 그릇을 먹은 거예요. 내 동생은 나보다 **더** 힘이 세요. 씨름을 하면 동생이 이겨요. 오늘은 어제보다 날씨가 **더** 추워요.

재미있는 **대화**를 나누면 시간 가는 줄 몰라요.

## 닿다 ‥ 덥다

### 더듬다
무엇을 찾기 위해 손으로 여기저기를 만지는 거예요.
영훈이는 안경을 찾으려고 방바닥을 **더듬었어요**.

### 더럽다
때가 묻었거나 지저분한 거예요. 유라는 흙장난을 해서
손이 **더러워요**. 나는 옷에 **더러운** 것이 묻어서 벗었어요.

### 더하다
어떤 것을 다른 것에 합치는 거예요. 둘에 둘을 **더하면** 넷이
돼요. 손가락 수와 발가락 수를 모두 **더하면** 몇 개일까요?

### 던지다
무엇을 손으로 잡아 날려 보내는 것입니다. 태훈이가 공을
**던지고** 내가 받았어요. 깨지기 쉬운 물건은 **던지면** 안 돼요.

### 덥다
여름에는 **더워요**. **더우면** 땀이 나요. 재범이는 날씨가
**더워서** 짧은 바지를 입었어요.

날씨가 **더우면** 북극곰은 하루 종일 물속에 들어가 있어요.

## 덩어리
어떤 것이 하나로 합쳐진 것입니다. 지호는 눈을 굴려 커다란 **덩어리**를 만들었어요.

다겸이가 잠이 든 윤교에게 이불을 **덮어** 줍니다.

## 덮다
안이나 속이 보이지 않게 무엇을 씌우는 거예요. 식탁을 예쁜 헝겊으로 **덮었더니** 정말 보기 좋아요. 나뭇잎이 떨어져 길을 **덮었어요.**

## 도깨비
**도깨비**는 옛날이야기에 많이 나와요. 사람과 비슷하게 생겼고 신기한 재주가 있다고 해요.

## 도둑
남의 것을 훔치는 사람이에요. 훔치는 일을 **도둑**질이라고 합니다. **도둑**질은 나쁜 일입니다. 하면 안 돼요.

## 도망가다
잡히지 않으려고 빨리 뛰어가는 거예요. 강아지를 씻어 주려고 하자 강아지가 재빨리 **도망갔어요.**

### 도깨비

헐레벌떡 도깨비
우리 집에 왜 왔니?

오물오물 도깨비
무얼 맛나게 먹고 있니?

몽그작몽그작 도깨비
방에 앉아 무얼 하니?

왜틀비틀 도깨비
어딜 그리 바삐 가니?

# 덩어리ㆍㆍ도착

## 도서관
책을 많이 모아 둔 곳이에요. 사람들은 **도서관**에서 책을 읽거나 집에 빌려 갑니다.

## 도시
사람들이 많이 모여 사는 곳이에요. **도시**에는 높은 건물과 자동차가 많아요. 서울은 대한민국에서 가장 큰 **도시**예요.

## 도시락
밖에서 먹을 수 있도록 만든 음식이에요. 어머니는 아버지에게 날마다 **도시락**을 싸 주어요.

## 도착
가려고 하는 곳에 닿은 거예요. 친구가 나에게 보낸 편지가 오늘 **도착**했어요. 기차가 늦게 **도착**해서 선미는 할머니를 오래 기다렸어요. 집에 **도착**하자마자 비가 떨어졌어요.

버스가 **도착**했어요. 사람들이 버스에서 내리고 있어요.

### 독수리
아주 큰 새예요. **독수리**는 날개가 크고 발톱이 강해요. 다른 새나 작은 동물을 먹고 살아요.

### 돈
사람들은 물건을 사고팔 때 **돈**을 주고받아요. 사람들은 일을 해서 **돈**을 벌고 그 **돈**으로 필요한 물건을 삽니다.

### 돋보기
작은 것을 크게 보이게 하는 물건입니다. 우리 할머니는 책을 볼 때 **돋보기**안경을 써요.

### 돌
아기가 태어나 처음 맞는 생일이에요. 이 날은 가족이 모여 아기가 건강하고 행복하게 자라기를 빌어요.

### 돌
바위에서 떨어져 나온 조각이에요. **돌**은 모래보다 커요. 예은이는 강가에서 예쁜 **돌**을 주웠어요.

### 돌다
둥글게 움직이는 거예요. 자전거가 달리면 바퀴가 빙글빙글 **돌아요**. 왼쪽 골목으로 **돌면** 우체국이 있어요.

### 돌려주다
빌리거나 받은 물건을 주인에게 다시 주는 거예요. 나는 진우에게 빌린 책을 **돌려주었어요**.

### 돌리다
둥글게 움직이게 하는 거예요. 어머니는 시간을 맞추려고 시곗바늘을 **돌렸어요**. 정우는 등 뒤에서 동생 목소리가 들리는 것 같아 몸을 **돌렸어요**. 목 운동을 할 때는 목을 오른쪽, 왼쪽으로 **돌립니다**.

나는 지영이보다 훌라후프를 더 잘 **돌려요**.

# 독수리 · · 동그랗다

## 돌보다
관심을 가지고 보살펴 주는 거예요. 농부가 밭에 물을 주고 풀을 뽑으며 채소를 키우는 것도 **돌보는** 것입니다. 보름이는 강아지를 잘 **돌봅니다**. 먹이를 주고 똥을 치워 줍니다.

## 돌아가다
원래 있던 곳으로 다시 가는 거예요. 학교가 끝나자 아이들이 집으로 **돌아가요**. 자기보다 나이 많은 어른이 죽으면 **돌아가셨다**고 말합니다. 할아버지가 갑자기 **돌아가셔서** 민규는 정말 슬펐어요.

## 돌아오다
원래 있던 곳으로 다시 오는 거예요. 학교 갔다 **돌아오니** 할머니가 기다리고 계셨어요.

## 돕다
남을 위해 어떤 일을 함께 하는 거예요. 나는 이것저것 심부름을 하며 어머니가 요리하는 것을 **도왔어요**. 진경이는 언니를 **도와** 방의 물건을 정리했어요.

## 동굴
산속이나 바위틈에 생긴 커다란 구멍이에요. **동굴** 속은 햇빛이 들어오지 않아 어둡고 추워요. 깊은 **동굴** 속에는 여러 생물들이 살아요.

## 동그라미
동그란 모양을 **동그라미**라고 해요. 숫자 0도 **동그라미**예요.

## 동그랗다
공이나 자동차 바퀴처럼 모서리가 없는 모양을 말할 때 **동그랗다**고 해요. 토끼 똥은 **동그란** 모양이에요.

나연이는 동생을 잘 **돌봐요**. 목욕을 시킬 때도 나연이가 잘 씻어 줍니다.

### 서로 도와요

들쥐와 딱정벌레는
서로 돕고 살아요.

타조와 얼룩말도
서로 돕고 살아요.

하마와 이잡이새도
서로 돕고 살아요.

개미와 진딧물도
서로 돕고 살아요.

사람들도 그렇게 살아요.
형제끼리, 친구끼리, 이웃끼리
서로 돕고 살아요.

ㄱㄴㄷㄹㅁㅂㅅㅇㅈㅊㅋㅌㅍㅎ

성훈이가 **동요**를 부릅니다.
"텔레비전에 내가 나왔으면 정말 좋겠네.
정말 좋겠네……."

## 동네
자기가 살고 있는 집 주위를 말해요. 마을이라고도 합니다.
우리 **동네**에는 산도 있고 개울도 있어요.

## 동물
짐승이나 새, 물고기, 벌레 등이 **동물**이에요. **동물**은 숨을 쉬고
몸을 움직입니다. **동물**에는 암컷과 수컷이 있어요. 새끼를
낳는 것이 암컷이에요.

## 동물원
여러 동물을 모아 놓고 사람들한테 보여 주는 곳이에요.
숲처럼 넓은 **동물원**도 있어요.

## 동생
자기보다 나이 어린 형제를 말해요. 수진이는 **동생**이 둘
있어요. 하나는 남**동생**이고 하나는 여**동생**이에요. 어머니가
아기를 낳아 나에게도 **동생**이 생겼어요.

## 동요
아이들을 위해 만든 짧은 노래예요. 성훈이는 오늘 유치원에서
**동요**를 불렀어요.

## 동쪽
방향을 가리키는 말이에요. 해가 뜨는 쪽이 **동쪽**입니다.
한국의 **동쪽** 끝에는 독도가 있어요.

## 동화
아이들을 위해 쓴 이야기예요. 우리나라에서 처음 나온 **동화**는
마해송의 〈바위나리와 아기별〉입니다.

## 돼지
몸에 살이 많은 동물이에요. **돼지**는 다리와 꼬리가 짧아요.
**돼지**는 '꿀꿀' 소리를 냅니다.

## 동네 • • 둘러보다

### 되다
어떤 것이 이루어지거나 다른 것으로 바뀌는 거예요. 눈이 녹으면 물이 **됩니다**. 영호는 여덟 살이 **되면** 학교에 갑니다. 내 방에는 나무로 **된** 책상이 있어요. ❇

### 두꺼비
개구리와 비슷하게 생긴 동물이에요. **두꺼비**는 등이 나무껍질처럼 거칠어요.

### 두껍다
수박과 호박은 껍질이 **두꺼워요**. 감자 껍질은 얇아요. 겨울에는 **두꺼운** 옷을 입고 **두꺼운** 이불을 덮어요.

### 두다
아버지는 우산을 버스에 **두고** 내렸어요. 윤호는 밖에 나갔다 돌아와서 모자를 벽에 걸어 **두었어요**.

### 두드리다
무엇을 여러 번 치는 거예요. 누가 방문을 똑똑 **두드려요**. 아이들이 음악에 맞춰 북을 **두드렸어요**.

### 두렵다
어떤 것이 무섭고 걱정이 되는 거예요. 나는 높은 곳에 올라가면 떨어질까 봐 **두려워요**. 주연이는 자전거를 다시 잃어버릴까 봐 **두려웠어요**. ❇

### 둘
하나 다음에 오는 수입니다. 하나에 하나를 더하면 둘이 됩니다. 사람의 귀는 **둘**이에요.

### 둘러보다
주위를 이리저리 살펴보는 거예요. 지웅이는 형을 찾으려고 운동장을 **둘러보았어요**.

올챙이가 자라면 개구리가 **됩니다**.

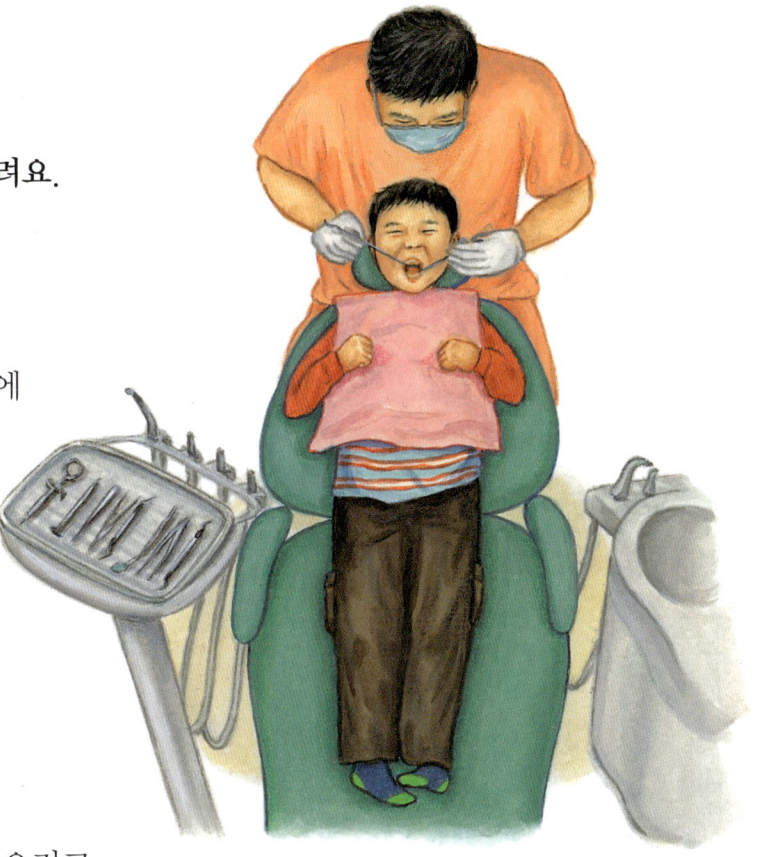

민우는 이를 빼는 것이 **두려웠지만** 잘 참았어요.

연극이 끝나자 아이들이 주인공을 빙 **둘러쌌어요**.

### 둘러싸다
주위를 둥그렇게 싸는 거예요. 우리 아파트는 나무로 **둘러싸여** 있어 경치가 좋아요. ❋

### 둘레
어떤 것을 둘러싼 바깥 부분이에요. 재원이는 꽃밭 **둘레**에 돌을 예쁘게 쌓았어요.

### 둥글다
하늘에 떠 있는 해와 달처럼 모서리가 없는 모양을 **둥글다**고 해요. 추석날 밤에는 **둥근** 달이 떠요.

### 뒤
앞의 반대쪽이에요. 우리 집 **뒤**에는 작은 산이 있어요. 어떤 일이 일어난 다음을 뜻하기도 합니다. 영호는 밥을 먹은 **뒤**에 사과를 먹었어요.

# 둘러싸다 ‥ 들어가다

## 뒤집다
안을 밖으로 나오게 하는 거예요. 오빠가 옷을 **뒤집어서** 벗어 놓았어요. 아래 위를 바꾸는 것도 **뒤집는다**고 해요.

## 드러나다
보이지 않던 것이 보이게 되는 것입니다. 눈이 녹자 산길이 **드러났어요**.

## 듣다
무슨 소리가 나는 것을 귀로 느끼는 거예요. 개는 사람이 **듣지** 못하는 소리도 **들을** 수 있어요.

## 들
논, 밭처럼 넓은 땅이에요. **들**에 꽃이 가득 피었어요.

## 들다
손에 무엇을 가지고 있는 것입니다. 이모는 결혼식 때 예쁜 꽃을 **들었어요**. 몸의 한 부분을 아래에서 위로 올리는 것도 **든다**고 해요. 민수는 공부 시간에 손을 **들어** 선생님께 질문했어요. ❇

## 들다
'**들다**'는 여러 가지 뜻으로 쓰여요. 가방에 책이 **들어** 있다면 가방 안에 책이 있는 거예요. 선물이 마음에 **들었다면** 선물이 좋아 마음이 기쁜 거예요.

## 들리다
소리를 듣게 되는 거예요. 영미는 밖에서 노랫소리가 **들려서** 창문을 열었어요.

## 들어가다
밖에서 안으로 가는 거예요. 어머니와 나는 빵집에 **들어가서** 빵을 샀어요. 집에 **들어가니** 손님이 와 있었어요. ❇

동생이 나와 함께 자려고 베개를 **들고** 왔어요.

집게는 고둥 껍데기에 **들어가** 살아요.

혜영이는 동그란 유리 속 인형이 춤추는 것을 **들여다보았어요**.

## 들어오다
밖에서 안으로 오는 거예요. 비가 오자 밖에서 놀던 동생이 집 안으로 뛰어 **들어왔어요**. 선생님이 교실에 **들어오자** 아이들이 조용해졌어요.

## 들여다보다
밖에서 안을 보는 거예요. 영재가 장난감 가게를 **들여다보며** 장난감을 구경했어요. 가까이에서 자세히 보는 것도 **들여다본다**고 해요. 준우는 얼굴에 무엇이 묻었는지 보려고 거울을 **들여다보았어요**. ✽

## 등
가슴과 배의 반대쪽이 **등**이에요. 사람이 똑바로 누우면 바닥에 **등**이 닿아요. 사람들은 말을 탈 때 말의 **등**에 앉아요.

## 등대
바닷가에서 불빛을 보내는 건물이에요. 어두운 바다에서 배들은 **등대**의 불빛을 보고 길을 찾습니다.

## 등산
운동이나 취미로 산에 오르는 것이에요. 정민이는 산을 좋아해서 아버지와 **등산**을 자주 가요.

## 따뜻하다
기분 좋을 만큼 더운 느낌을 **따뜻하다**고 해요. 방이 **따뜻해요**. 춥지 않아요. 날씨가 **따뜻해지면** 겨울잠을 자던 동물들이 잠에서 깨어나요. 어머니는 **따뜻한** 물로 아기를 목욕시켰어요.

## 따라가다
앞에 가는 것을 따라서 가는 거예요. 아이들이 선생님을 **따라가며** 노래를 불렀어요. 나는 시장에 가는 어머니를 **따라갔어요**. 이 길을 계속 **따라가면** 도서관이 나와요. ✽

새끼 오리들이 어미 오리를 졸졸 **따라가요**.

### 따라오다
뒤에서 무엇이 따라서 오는 거예요. 친구들과 수영장에 가는데 동생이 **따라왔어요**.

### 따르다
남이 하는 대로 하는 거예요. 언니가 좋아하는 가수의 노래를 **따라** 부릅니다. 앵무새는 사람의 말을 **따라** 해요.

### 따르다
그릇에 들어 있는 물이나 액체를 다른 데로 옮기는 거예요. 어머니는 오래된 우유를 **따라** 버렸어요.

### 딸
어머니와 아버지가 여자 아이를 낳으면 **딸**입니다. 어머니도 할머니, 할아버지의 **딸**이에요.

### 딸기
봄에 나오는 빨간 열매입니다. 겉에 작고 검은 씨가 붙어 있어요. **딸기**는 작아서 먹기 좋아요.

### 땀
몸에서 나오는 짠 물이에요. 날씨가 더울 때나 운동을 하면 **땀**이 나요. 승훈이는 **땀**을 뻘뻘 흘리며 집에 왔어요. 몸이 아파 열이 날 때도 **땀**이 납니다.

### 땅
지구는 **땅**과 바다로 이루어져 있어요. **땅**은 물로 차 있지 않은 곳입니다. 산이나 언덕, 논과 밭이 모두 **땅**이에요. 사람들은 **땅**에 집을 짓고 농사도 지어요.

### 때
어떤 일이 일어나는 시간을 말해요. 경수는 친구 집에 갈 **때** 자전거를 타고 갑니다. 번개가 칠 **때** 밖에 나가면 위험해요.

동생은 아버지가 **따라** 주는 물을 한 컵 더 마셨어요.

ㄱㄴ**ㄷ**ㄹㅁㅂㅅㅇㅈㅊㅋㅌㅍㅎ

### 때
몸이나 옷에 더러운 것이 묻으면 **때**가 묻었다고 해요. 몸을 잘 씻지 않으면 몸에 **때**가 생겨요.

### 때리다
사람이나 동물을 아프게 치는 거예요. 남을 **때리는** 것은 나쁜 행동입니다.

### 떠나다
다른 곳으로 옮겨 가는 거예요. 어떤 새들은 겨울이 되면 따뜻한 남쪽으로 **떠나요**. 배가 사람들을 태우고 먼 나라로 **떠났어요**. 여행을 **떠날** 때는 준비할 것들이 많아요. ✽

상우네 가족이 여행을 **떠나려고** 차에 짐을 실어요.

## 떠들다
큰 소리로 이야기하는 거예요. 친구들이 **떠드는** 소리에 아기 동생이 잠에서 깼어요. "공부 시간에는 **떠들면** 안 됩니다." 하고 선생님께서 말씀하셨어요.

## 떠오르다
무엇이 위로 떠서 올라가는 거예요. 해가 동쪽 하늘에서 **떠올랐어요**. 갑자기 어떤 생각이 나는 것도 **떠오른다고** 해요. 어머니 생일 선물로 무엇이 좋을까요? 현규는 좋은 생각이 **떠올랐어요**.

## 떡
곡식 가루로 만든 음식입니다. 한국 사람들은 특별한 날이나 명절에 **떡**을 해 먹어요. **떡**은 모양과 맛이 여러 가지예요. 나는 빵보다 **떡**을 좋아해요.

## 떨다
춥거나 겁이 날 때 몸을 **떨어요**. 희수는 사람들 앞에서 피아노 연주를 할 때 많이 **떨었어요**.

## 떨어뜨리다
무엇을 떨어지게 하는 거예요. 나는 그네를 타다가 신발을 **떨어뜨렸어요**.

## 떨어지다
위에 있던 것이 아래로 내려가는 거예요. 가을이 되니 나뭇잎이 **떨어져요**. 갑자기 빗방울이 **떨어지기** 시작했어요. 둘 사이가 붙어 있지 않은 것도 **떨어졌다고** 해요. 지영이는 아버지가 외국에서 일을 하셔서 아버지와 **떨어져** 살아요.

## 떼
사람이나 동물이 많이 모여 있는 것을 말해요. 코끼리와 펭귄, 개미는 **떼**를 지어 살아요.

비 맞은 강아지가 몸을 부르르 **떨어요**.

### 떼

나비 떼, 벌 떼
개미 떼, 양 떼
코끼리 떼, 악어 떼
얼룩말 떼.

송사리 떼, 펭귄 떼
갈매기 떼, 잉어 떼
비둘기 떼, 장어 떼
올챙이 떼.

정아는 아버지 옷에 붙은 스티커를 **뗐어요**.

딱따구리는 나무에 구멍을 **뚫어** 집을 만듭니다.

### 떼다
붙어 있는 것을 떨어지게 하는 거예요. 훈이는 나무에 붙은 매미를 **떼어** 나에게 보여 주었어요.

### 또
'한 번 더', '다시'와 비슷한 뜻이에요. 친구가 갔다가 **또** 왔어요. 무엇을 놓고 갔나 봐요. 어제 눈이 왔는데 오늘 **또** 왔어요.

### 똑같다
하나도 다른 것 없이 같을 때 **똑같다**고 해요. 어머니와 이모는 **똑같은** 모자를 샀어요. 색도 모양도 크기도 **똑같아요**.

### 똑똑하다
머리가 좋은 거예요. 연이는 참 **똑똑해요**. 한 번 가르쳐 주면 잊어버리지 않고 잘 기억해요.

### 똑바로
어느 쪽으로도 기울지 않을 때 쓰는 말이에요. 선생님께서 학생들에게 **똑바로** 앉으라고 하셨어요.

### 똥
음식을 먹으면 누구나 **똥**을 눠요. **똥**에서는 냄새가 납니다.

### 뚜껑
병, 상자, 그릇을 덮는 물건이에요. 민지는 도시락을 먹고 **뚜껑**을 닫았어요.

### 뚫다
구멍을 내는 거예요. 종이컵에 구멍을 **뚫어** 실 전화기를 만들었어요. 산을 **뚫어** 만든 길을 터널이라고 해요.

### 뚱뚱하다
몸에 살이 많은 거예요. 아버지는 배가 나와 **뚱뚱해** 보여요.

캥거루는 새끼를 주머니에 넣고도 잘 **뛰어요**.

## 뛰다
발로 땅을 차서 몸을 위로 뜨게 하는 것입니다. 강아지가 나를 보고 좋아서 펄쩍펄쩍 **뛰어요**. 빨리 달리는 것도 **뛴다**고 해요. 형은 학교에 늦지 않으려고 열심히 **뛰었어요**. ✹

## 뜨겁다
손을 댈 수 없을 만큼 열이 높은 거예요. 끓는 물은 아주 **뜨거워요**.

## 뜨다
감았던 눈을 여는 거예요. 사람들은 잠에서 깨면 눈을 **뜹니다**. 물고기는 눈을 **뜨고** 잠을 자요.

## 뜨다
무엇이 물 위나 하늘에 머물러 있는 것입니다. 종이배가 물에 **떠** 있어요. 밤하늘에 별이 많이 **떠** 있어요.

## 뜯다
어떤 것을 떼거나 찢는 거예요. 토끼가 풀을 **뜯어** 먹어요.

## 뜻
말, 글, 행동에는 **뜻**이 담겨 있어요. 어떤 낱말의 **뜻**을 모른다면 그 낱말이 무엇을 말하는지 모르는 거예요.

리을

# 라디오 ‥ 리코더

## 라디오
귀로만 들을 수 있는 방송입니다. **라디오**에서 내일 태풍이 온다는 말을 들었어요.

## 레몬
신맛이 나는 노란 열매입니다. **레몬**은 껍질이 두꺼워요. 음식 맛을 좋게 할 때 많이 써요.

## 렌즈
물체가 잘 보이도록 하려고 유리 등을 깎아 만든 것이 **렌즈**입니다. 안경에는 모두 **렌즈**가 있어요. 눈 속에 넣는 아주 작고 얇은 **렌즈**도 있습니다.

## 로봇
사람의 일을 돕는 기계예요. **로봇**은 컴퓨터로 움직입니다. 사람 모습과 비슷하게 생긴 **로봇**도 있어요. ✳

## 로켓
엄청난 소리와 연기를 내며 하늘로 날아가는 기계입니다. **로켓**은 매우 빠르고 아주 높이 올라가요. 우주선을 하늘로 날려 보낼 때 **로켓**을 써요.

## 리모컨
텔레비전 등의 기계를 멀리서 켜고 끌 수 있는 물건입니다.

## 리본
헝겊이나 종이를 길게 오려 만든 물건이에요. **리본**은 옷에 달거나 선물 상자를 꾸밀 때 써요. **리본**은 원래 다른 나라 말이지만 지금은 한국어처럼 쓰여요. ✳

## 리코더
한쪽 끝을 입에 대고 부는 가늘고 긴 악기입니다. 손가락으로 구멍을 막았다 열었다 하면서 음악을 연주해요.

다훈이는 강아지 **로봇**을 가지고 노는 것을 좋아해요.

현주는 모자 가게에서 큰 **리본**이 달린 모자를 골랐어요.

# 미음

## 마당
집의 앞이나 뒤에 있는 땅입니다. 우리 집 **마당**에는 그네가 있어요.

## 마라톤
먼 거리를 달리는 운동 경기입니다. **마라톤** 선수는 42.195킬로미터를 끝까지 달려야 해요.

어머니는 곧 태어날 아기 동생의 옷과 이불을 **마련**했어요.

## 마련
필요한 것을 미리 준비하는 거예요. 저녁에 손님이 오신다고 해서 어머니는 특별한 음식을 **마련**했어요.

## 마루
방과 방 사이에 있는 넓은 공간입니다. **마루**는 바닥이 나무로 되어 있어요.

## 마르다
젖은 것이 원래대로 되는 거예요. 햇빛이 강해서 젖은 옷이 빨리 **말랐어요**. 물을 마시고 싶을 때 목이 **마르다**고 합니다. 살이 빠지는 것도 **마른다**고 해요.

## 마술
일어나기 어려운 일을 해 보이는 거예요. **마술**은 신기하고 놀라워요. **마술**을 하는 사람을 **마술**사라고 해요. **마술**사가 꽃을 비둘기로 바꾸자 사람들이 신기해하며 손뼉을 쳤습니다.

## 마시다
물이나 주스를 먹을 때 **마신다**고 합니다. 이로 씹지 않고 목으로 넘기는 거예요.

## 마을
사람들이 집을 짓고 모여 사는 곳입니다. 동네와 비슷한 말인데 도시보다는 시골에서 **마을**이라는 말을 많이 써요. 우리 **마을**은 뒤에 산이 있고 앞에 개울이 있어 살기 좋아요.

## 마음
사람이 속으로 가지고 있는 생각이나 느낌이에요. 주연이는 강아지가 다쳐서 **마음**이 아팠어요. 여행을 갔다가 집에 돌아오니 **마음**이 편안해요.

## 마지막
**마지막**은 그 뒤에 아무것도 없는 거예요. 아영이는 영화가 무서웠지만 **마지막**까지 보았어요. 사람들이 빵을 사려고 줄을 섰는데, 내가 그 줄의 **마지막**이에요. 내 뒤에 아무도 없어요.

## 막다
가거나 오지 못하게 하는 거예요. 고장 난 차가 길을 **막고** 있어서 지나갈 수 없어요. 방에 들어가려는데 동생이 나를 못 들어가게 **막았어요**. 같이 더 놀자는 뜻이에요. ❄

## 만나다
누군가와 떨어져 있다가 같이 있게 되는 거예요. 민지는 수영장 앞에서 친구를 **만났어요**. 어머니와 나는 밖에서 아버지를 **만나서** 저녁을 먹기로 했어요.

## 만들다
없던 것을 생기도록 하는 것입니다. 유진이는 헝겊에 바느질을 해서 인형을 **만들었어요**. 종이는 나무로 **만들어요**. 아람이는 아버지와 함께 마당에 작은 꽃밭을 **만들었어요**. ❄

밤이 되어 아버지가 가서 자라고 말하려 하자 동생이 아버지 입을 **막았어요**.

까치는 새끼를 안전하게 기르기 위해 둥지를 **만들어요**.

## 만세
기쁠 때 두 손을 위로 번쩍 들면서 외치는 말입니다. 경기에서 이기자 사람들이 모두 일어나 **만세**를 불렀어요.

## 만약
어떤 일을 상상해 볼 때 쓰는 말이에요. **만약** 내가 다른 집에서 태어났다면? **만약** 꽃과 나무가 없다면?

## 만지다
무언가를 느끼려고 손을 대는 거예요. 미술관에 걸린 그림들은 **만지면** 안 돼요. 눈으로만 보세요. 토끼는 털이 부드러워요. **만져** 보면 알아요. ✴

## 만화
어떤 이야기를 재미있게 표현한 그림이에요.
건우는 **만화** 중에서 〈아기 공룡 둘리〉를 좋아해요.

## 많다
바나나 열 개는 바나나 세 개보다 **많아요**. 도서관에는 책이 **많아요**. 옛날에는 숲에 동물이 **많았지만** 지금은 적어요.

## 말
아주 빨리 달리는 동물입니다. 사람들은 **말**을 훈련시켜 타고 다녀요. 어린 **말**을 망아지라고 부릅니다.

## 말
어떤 뜻을 담고 있는 사람의 목소리입니다. 내 동생은 아직 어려서 "엄마, 맘마"라는 **말**밖에 하지 못해요. 어른이 하는 **말**을 말씀이라고 합니다.

## 말다툼
말로 다투는 것입니다. 나연이는 친구와 놀다가 **말다툼**을 했어요. **말다툼**을 하다 보면 소리가 점점 커져요.

어머니가 내 이마를 **만져** 보고는 열이 있다고 했어요.

강아지가 **말썽**을 부려 아버지가 화가 났어요.

### 말썽
남을 귀찮게 하는 말이나 행동이에요. **말썽**을 일으키는 것을 **말썽**을 부린다고 해요. 남의 집에서 여기저기 다니거나 큰 소리로 떠드는 것도 **말썽**입니다. ✹

### 말하다
말로 자기 감정이나 생각을 표현하는 거예요. 내가 "배고파."라고 **말하자** 언니가 빵을 가져다 주었어요. 아이들이 한 사람씩 돌아가면서 자기의 꿈을 **말했어요**.

### 맑다
지저분한 것이 섞이지 않고 깨끗한 것입니다. 한국의 가을 하늘은 **맑고** 높아요. ✹

### 맛
음식을 먹으면 **맛**을 느낄 수 있어요. 단**맛**, 쓴**맛**, 짠**맛**, 신**맛** 등 여러 가지 **맛**이 있어요.

개울물이 **맑아** 물속이 다 비쳐요.

## 맛보다
맛이 어떤지 알아보는 거예요. 어머니는 김치를 담글 때마다 나에게 먼저 **맛보라**고 해요.

## 맛있다
음식 맛이 좋은 거예요. 친구 생일잔치에 갔더니 **맛있는** 음식이 많았어요. 아버지는 집에서 먹는 음식이 가장 **맛있다**고 해요. **맛있는** 반찬이 있으면 언니는 밥을 두 그릇이나 먹어요.

## 망가지다
어떤 것이 부서지거나 깨져서 못 쓰게 되는 거예요. 로봇 장난감을 떨어뜨렸더니 **망가졌어요**.

## 망설이다
마음을 정하지 못하고 어떻게 할까 생각하는 거예요. 아버지는 밖에 나가면서 우산을 가져갈까 말까 **망설였어요**. 나는 선생님께 질문을 할까 말까 **망설이다가** 용기를 내어 손을 들었어요.

## 망원경
멀리 있는 것을 잘 볼 수 있도록 만든 물건입니다. **망원경**으로 보면 물건이 크고 정확하게 보여요. 우주를 관찰하는 **망원경**을 천체 **망원경**이라고 해요.

## 맞다
모양이나 크기가 서로 잘 어울리는 거예요. 지난해에는 커서 못 입은 옷이 지금은 잘 **맞아요**. 어떤 것이 틀리지 않고 옳을 때도 **맞다**는 말을 씁니다. ❇

## 맞다
누군가 나를 때렸다면 나는 누군가에게 **맞은** 거예요. 던져진 물건이 몸에 부딪치는 것도 **맞는다**고 합니다. 첫눈이 내리자 아이들이 눈을 **맞으며** 뛰어다녀요.

이 바지는 나에게 잘 **맞아요**. 크지도 않고 작지도 않아요.

ㄱㄴㄷㄹ**ㅁ**ㅂㅅㅇㅈㅊㅋㅌㅍㅎ

혜리와 친구들이 퍼즐 조각을 **맞추며** 놀아요.

### 맞추다
어떤 것을 맞게 하는 거예요. 어머니는 시곗바늘을 7시에 **맞추고** 잠이 들었어요. 진우는 바지와 모자를 같은 색으로 **맞추어** 입었어요. ❋

### 맡다
코로 어떤 냄새인지 느끼는 거예요. 한솔이는 어머니가 무슨 음식을 하는지 킁킁 냄새를 **맡아** 보았어요. 고기 굽는 냄새를 **맡고** 옆집 강아지가 쫓아왔어요. ❋

### 매미
여름에 나무에서 '맴맴' 하고 우는 곤충입니다. **매미**는 수컷만 울 수 있어요.

### 매우
**매우** 재미있다면 아주 많이 재미있는 거예요. 희연이는 아침을 안 먹어서 배가 **매우** 고팠어요. 여행을 떠날 때는 **매우** 기뻐요. 여행에서 집에 돌아올 때도 **매우** 기쁩니다.

염소는 풀을 먹기 전에 먼저 풀 냄새를 **맡아** 봅니다.

## 맵다
김치를 먹으면 **매워요**. **매운** 음식을 너무 많이 먹으면 배가 아파요.

## 맺다
무엇을 이루거나 만드는 거예요. 가을은 나무가 열매를 **맺는** 계절입니다.

## 맺히다
무엇이 생기는 거예요. 슬픈 영화를 보니 눈물이 **맺혀요**.

## 머리
몸에서 얼굴이 있는 부분입니다. **머리**에 난 털을 **머리**라고 부르기도 해요. 사람들은 **머리**로 생각하고 공부합니다.

## 머무르다
어떤 곳에서 여러 날 생활하는 것입니다. 동생과 나는 여름 방학 때 할머니 집에 **머물렀어요**. 한곳에서 떠나지 않고 있는 것도 **머무르는** 거예요. 못 보던 새가 날아와 우리 집 마당에 잠깐 **머물러** 있었어요.

## 먹다
무엇을 입에 넣고 씹어 삼키는 것을 말합니다. 사람들은 하루에 세 번 밥을 **먹어요**. 먹다는 '빨아**먹다**', '얻어**먹다**'처럼 다른 낱말에 붙여서 쓰기도 합니다.

## 먹이
동물이 먹는 밥입니다. 개구리는 뱀의 **먹이**예요. 말은 당근을 먹어요. 당근이 말의 **먹이**입니다.

## 먼저
어떤 것보다 앞서서 할 때 쓰는 말입니다. 아버지가 집에 들어오면 언제나 동생이 **먼저** 달려갑니다.

선미는 무슨 음식이든 맛있게 잘 **먹어요**.

### 먼지
**먼지**는 아주 작고 가벼워서 눈에 잘 보이지 않아요. 구석에 쌓인 **먼지**를 종이로 닦았더니 종이가 더러워졌어요. **먼지**는 공기 중에 떠 있기도 해요.

### 멀다
거리가 많이 떨어져 있는 거예요. 한국에서 미국은 **멀어요**. 비행기를 타고 열 시간 넘게 가야 해요.

### 멈추다
움직이던 것이 움직이지 않는 거예요. 내가 "형!" 하고 부르자 형이 걸음을 **멈추었어요**. 아기가 울자 어머니가 하던 일을 **멈추고** 아기에게 달려갔어요.

아이들과 '무궁화 꽃이 피었습니다' 놀이를 합니다. 내가 "무궁화 꽃이 피었습니다." 하며 돌아보자 내게 다가오던 아이들이 모두 **멈추었어요**.

## 멋있다
보기 좋고 훌륭한 것입니다. 우리 집 새 차는 **멋있어요**. 먼지 하나 없이 반짝반짝 빛이 나요.

## 메아리
크게 낸 소리가 울려서 다시 들려오는 소리예요. 산에서 "야호!" 하고 소리치면 다시 '야호' 소리가 들려요. 이것이 **메아리**예요. 산울림이라고도 합니다.

## 명절
설날이나 추석처럼 특별한 날이에요. **명절**에는 온 가족이 모여서 맛있는 음식을 먹어요.

## 모두
하나도 빼놓지 않고 합쳐 말할 때 **모두**라고 해요. 우리 가족은 **모두** 다섯 명이에요. **모두** 안경을 썼어요.

## 모래
작게 부서진 돌가루예요. 바닷가나 강가에는 **모래**가 많아요. 사막은 **모래**로 되어 있어요.

## 모르다
알지 못하는 것입니다. 글자를 **모르면** 책을 읽을 수 없어요. 어머니가 **모르는** 사람을 따라가면 안 된다고 했어요.

## 모서리
물건의 가장자리에서 뾰족하게 나온 부분입니다. 세모는 **모서리**가 세 개, 네모는 **모서리**가 네 개예요. 혜림이는 책상 **모서리**에 머리를 살짝 부딪쳤어요.

## 모습
사람의 생긴 모양이에요. 할머니는 내가 잠자는 **모습**이 예쁘다고 말씀하세요. 누나와 나는 웃는 **모습**이 닮았어요.

공작 꼬리는 색이 알록달록해서 참 **멋있어요**.

## 모양
물건이 어떻게 생겼는지 말할 때 써요. 동그라미, 세모, 네모는 **모양**입니다. 지구는 공처럼 둥근 **모양**이에요. 과자는 **모양**이 여러 가지입니다. 별 **모양**도 있어요.

## 모으다
여기저기 놓여 있는 것을 한곳에 옮겨 놓는 거예요. 세준이는 야구를 하려고 아이들을 불러 **모았어요**. 누나와 나는 돈을 **모아** 할머니 선물을 샀어요.

## 모이다
마라톤을 구경하려고 사람들이 거리에 **모였어요**. 악어 여러 마리가 호수에 **모여** 있어요.

## 모자
머리에 쓰는 물건입니다. **모자**는 햇빛이나 비를 막아 주어요. 추울 때 **모자**를 쓰면 따뜻해요.

## 목
몸의 한 부분이에요. **목**은 머리와 어깨 사이에 있어요. 사람의 **목**에서 나는 소리를 **목**소리라고 합니다.

## 목욕
몸을 깨끗하게 씻는 거예요. 동수는 혼자 **목욕**을 할 수 있어요. 동물은 어떻게 **목욕**을 할까요?

## 목표
무엇을 이루겠다고 정해 놓은 것입니다. 내 여름 방학 **목표**는 수영을 배우는 거예요. 형의 **목표**는 책을 열 권 읽는 거예요.

## 몰래
어떤 일을 남이 모르게 하는 것을 뜻합니다. 형주는 어머니 **몰래** 냉장고에서 아이스크림을 꺼내 먹었어요.

정민이는 방바닥에 흩어져 있는 구슬을 주워 **모았어요**.

# 모양‥무겁다

## 몸
사람이나 동물의 머리에서 발끝까지를 말해요. 소와 곰은 **몸**이 큰 동물이에요.

## 몸짓
**몸**으로 어떤 뜻을 표현하는 거예요. 헤어질 때 손을 흔드는 것도 **몸짓**입니다. 두 사람이 새끼손가락을 거는 **몸짓**은 약속을 한다는 뜻이에요.

## 몹시
**몹시** 아프다고 하면 아주 많이 아픈 거예요. 정현이는 약속 시간에 늦어서 **몹시** 미안해했어요.

## 못하다
무엇을 할 수 없거나 할 줄 모르는 거예요. 펭귄은 날지 **못하는** 새입니다. 나는 수영은 **못하지만** 달리기는 잘해요. 서연이는 노래면 노래, 춤이면 춤, **못하는** 것이 없어요.

## 무겁다
**무거운** 것은 들기 힘들어요. 피아노는 **무거워서** 혼자 들 수 없어요. 도서관에서 책을 여러 권 빌렸더니 가방이 **무거워졌어요**.

수박은 **무겁지만** 참외는 가벼워요.

### 무게
무게를 알면 얼마나 무겁고 가벼운지 알 수 있어요. **무게**가 많이 나간다면 무거운 거예요. 몸의 **무게**를 몸무게라고 해요. 내 몸무게는 25킬로그램이에요.

### 무너지다
쌓여 있던 것이 와르르 쓰러지는 것이에요. 비가 많이 와서 담이 **무너졌어요**.

### 무늬
겉에 나타나 있는 어떤 모양이에요. 꽃**무늬** 옷은 꽃이 그려진 옷입니다. 나비 날개는 **무늬**와 색이 여러 가지예요.

### 무덤
죽은 사람이나 동물을 묻은 곳입니다. 추석 때마다 우리 가족은 할머니 **무덤**에 갑니다.

### 무섭다
떨리고 두려운 마음이 드는 거예요. 밤에 천둥, 번개가 치면 **무서워요**. 나는 **무서운** 생각이 들 때면 노래를 불러요.

효정이는 개만 보면 **무서워해요**.

## 무게 ‥ 문지르다

## 무용
음악에 맞추어 몸을 멋있게 움직이는 거예요. 나는 한국의 전통 **무용**을 배우고 있어요. 승철이네 가족은 **무용**을 보러 극장에 갔어요.

## 무지개
**무지개**는 일곱 빛깔이에요. **무지개**는 비가 온 뒤에 하늘에 생겨요.

## 무척
아주, 매우와 비슷한 뜻이에요. 난주는 선생님께 칭찬을 들어서 기분이 **무척** 좋아요. 오늘은 날씨가 **무척** 추워서 사람들이 밖에 돌아다니지 않아요.

## 묶다
무언가를 모아 끈으로 합치는 거예요. 끈으로 신문을 **묶으면** 신문이 흩어지지 않아요. 은주는 운동화를 신고 끈을 **묶었어요**. ❄

아버지는 다 읽은 신문을 밖에 내놓으려고 끈으로 **묶었어요**.

## 문
집이나 방에는 **문**이 있어요. 들어가거나 나갈 때 **문**을 열고 닫아요. 지현이는 바람이 잘 들어오도록 **문**을 열어 두었어요.

## 문제
답이 무엇인지 묻는 질문이에요. 어려운 **문제**는 풀기 힘들어요. 선생님이 '8+3'이라는 **문제**를 냈어요. 이 **문제**의 답은 '11'입니다.

## 문지르다
손을 대고 이리저리 미는 거예요. 지홍이가 배가 아프다고 하자 할머니가 배를 **문질러** 주셨어요. ❄

예은이는 밖을 보기 위해 손으로 유리창을 **문질렀어요**.

동생이 물감 **묻은** 손을 나에게 내밀었어요.

사자가 새끼를 **물어** 안전한 곳으로 옮겨요.

### 묻다

알고 싶은 것이 있을 때 사람들은 그것을 남에게 **물어요**. 내가 옆집 아이에게 "너는 이름이 뭐니?" 하고 **묻자** 그 아이가 "김승현!"이라고 대답했어요.

### 묻다

먼지나 가루, 액체가 어디에 붙은 거예요. 진호는 강아지 발에 **묻은** 흙을 닦아 주었어요. 동생 손에 알록달록한 것이 **묻어** 있어요. 무엇일까요?

### 묻다

흙 속에 넣어 안 보이게 하는 거예요. 희철이는 죽은 병아리를 땅에 **묻어** 주었어요.

### 물

바다와 호수를 가득 채우고 있는 액체예요. **물**은 생물이 살아가는 데 필요해요.

### 물건

사람이 쓰려고 만든 것입니다. 연필과 공책은 학생이 쓰는 **물건**이지요. 그릇은 음식을 담는 **물건**입니다.

### 물고기

물속에 사는 동물이에요. 바다에는 **물고기**가 많아요. 상어는 아주 큰 **물고기**예요.

### 물다

이로 어떤 것을 꽉 잡거나 상처를 내는 거예요. 강아지가 내 운동화를 **물고** 도망갔어요.

### 물체

보고 만질 수 있는 것이 **물체**입니다. **물체**는 무게와 모양이 있어요. 유리창에 검은 **물체**가 비쳐 깜짝 놀랐어요.

## 묻다·· 미루다

민주는 인라인스케이트를 타다가 또 **미끄러졌어요**. 벌써 세 번째예요.

### 미끄러지다
저절로 움직여지거나 넘어지는 거예요. 동생이 바닥에 물이 있는 것을 모르고 뛰어오다가 방에서 **미끄러졌어요**. ❄

### 미끄럽다
미끄러지기 쉬운 거예요. 눈이 오면 길이 **미끄러워요**.
준형이는 교실 바닥이 **미끄러워서** 넘어졌어요.

### 미래
앞으로 다가올 때를 말해요. **미래**에는 사람처럼 말하고 걸어 다니는 로봇이 나올지도 몰라요.

### 미루다
지금 해야 할 일을 나중에 하기로 하는 거예요. 시원이는 숙제를 **미루고** 놀러 나갔어요. 자기가 할 일을 남에게 시키는 것도 **미룬다**고 해요. 형은 쓰레기 버리는 일을 가끔 나에게 **미루어요**.

ㄱㄴㄷㄹㅁㅂㅅㅇㅈㅊㅋㅌㅍㅎ

어머니는 비가 올까 봐 **미리** 빨래를 걷었어요.

### 미리
어떤 일이 일어나기 전을 뜻해요. 은비는 어머니가 시키기 전에 **미리** 방을 치웠어요. 나는 내일 가져갈 책가방을 저녁에 **미리** 싸 두어요.

### 미술
그림처럼 눈으로 볼 수 있는 예술입니다. 훌륭한 **미술** 작품은 사람들을 감동시켜요. 세희는 **미술**을 좋아해서 화가가 되는 게 꿈이에요.

### 미술관
여러 가지 미술 작품을 모아 두고 사람들에게 보이는 곳입니다. **미술관**에서는 그림에 대해 설명을 해 주기도 해요.

# 미리‥밑

## 미안하다
남에게 잘못했을 때 **미안한** 마음이 들어요. "선미야, 네 머리 잡아당겨서 **미안해**!" "형, 형 옷 몰래 입고 나가서 **미안해**."

## 미워하다
미운 마음이 들어 싫어하는 거예요. 친구끼리는 **미워하는** 마음을 가지면 안 돼요.

## 믿다
무엇을 사실이라고 생각하거나 옳다고 생각하는 거예요. 나는 누나가 거짓말을 하지 않았다는 것을 **믿어요**. 아주 옛날 사람들은 지구가 둥글다는 것을 **믿지** 않았어요.

## 밀가루
빵이나 과자를 만들 때 쓰는 곡식 가루예요. **밀가루**는 하얗고 만지면 부드러워요.

## 밀다
힘을 주어 어떤 것을 앞으로 나아가게 하는 거예요. 미영이는 동생을 그네에 태우고 **밀어** 주었어요. 문을 세게 **밀었더니** 활짝 열렸어요.

## 밉다
마음에 들지 않아 싫은 거예요. 영석이는 강아지가 자꾸 귀찮게 해서 **미웠어요**. 생긴 모습이 예쁘지 않을 때도 **밉다**고 해요. 〈미운 오리 새끼〉는 안데르센이 지은 재미있는 동화입니다.

## 밑
어떤 것의 아랫부분이에요. 위의 반대쪽이에요. 연필이 책상 **밑**으로 굴러 떨어졌어요.

아버지가 할머니의 휠체어를 **밀어** 드립니다.

# 비읍

# 바깥 ‥ 바라다

## 바깥
밖이 되는 곳을 **바깥**이라고 해요. 오늘은 바람이 많이 불어서 **바깥**에 나가 놀 수 없어요.

## 바꾸다
입던 옷을 벗고 다른 옷을 입으면 **바꾸어** 입은 거예요. 운동화가 비에 젖어 나는 다른 신발로 **바꿔** 신었어요. 무엇을 주고 다른 것을 받는 것도 **바꾼다**고 해요.

## 바나나
노랗고 긴 과일이에요. 속은 하얗고 부드러워요.

## 바느질
실과 바늘로 헝겊을 이어 붙이는 거예요. 우리 할머니는 **바느질**을 해서 옷을 만들어 입어요.

## 바늘
바느질을 할 때 쓰는 뾰족한 물건이에요. 한쪽 끝에 구멍이 있어서 거기에 실을 넣고 바느질을 합니다.

## 바다
강물이 흘러 마지막에 닿는 곳이에요. **바다**에는 물이 가득 차 있어요. **바다**는 넓고 깊어요. **바다**에는 여러 종류의 생물이 살아요. **바다**와 땅이 닿아 있는 곳을 바닷가라고 합니다.

## 바닥
어떤 곳의 가장 낮은 부분이에요. 가뭄이 들어 강**바닥**이 드러났어요. 아기가 과자를 먹다가 방**바닥**에 떨어뜨렸어요.

## 바라다
무엇을 가지고 싶거나 어떻게 되고 싶은 것입니다. 동운이는 크리스마스 때 눈이 오기를 **바랐어요**. 아이들이 축구 경기에서 이기기를 **바라며** 열심히 연습했어요.

윤수와 경민이는 서로 장난감을 **바꾸어서** 놀기로 했어요.

# ㄱㄴㄷㄹㅁㅂㅅㅇㅈㅊㅋㅌㅍㅎ

빵에 잼을 **발라** 먹으면 맛있어요.

### 바라보다
조금 떨어져서 무엇을 보는 거예요. 유진이는 새들이 떼 지어 하늘을 날아가는 것을 **바라보았어요**. 앞산을 **바라보니** 단풍이 곱게 들었어요.

### 바람
**바람**이 불면 나뭇잎이 흔들려요. 머리가 날리고 모자가 날아가기도 해요. 사람이 느낄 수 있을 만큼 공기가 움직이는 것을 **바람**이라고 합니다.

### 바르다
무엇을 얇게 펴서 문지르는 거예요. 상처에 약을 **발랐더니** 곧 나았어요.

### 바르다
**바르게** 앉았다면 몸을 기대지 않고 허리를 펴고 앉은 거예요. 글씨를 예쁘게 똑바로 쓰는 것을 **바르게** 쓴다고 해요. 말이나 행동, 생각이 옳은 것도 **바르다**고 해요. 법이나 규칙을 지키는 것은 **바른** 행동이에요.

### 바쁘다
시간은 없는데 할 일이 많을 때 **바쁘다**고 해요. 아침은 **바쁜** 시간이에요. 얼굴을 씻고 옷을 갈아입고 밥도 먹어야 합니다. 농촌은 봄과 가을에 **바빠요**. 급할 때도 **바쁘다**고 해요.

### 바위
매우 큰 돌입니다. **바위**는 무겁고 단단해요. 산에 가면 **바위**를 많이 볼 수 있어요.

### 바지
두 다리를 양쪽에 하나씩 넣어 입는 옷이에요. 길이가 짧은 **바지**도 있고 긴 **바지**도 있어요. 학교에 갈 때 나는 **바지**를 입고 누나는 치마를 입었어요.

벌은 하루 종일 **바쁘게** 움직이며 꽃꿀을 모아요.

바라보다・・밖

## 바퀴
**바퀴**는 돌면서 무엇을 굴러 가게 해요. **바퀴**는 동그란 모양의 물건입니다. 자동차, 자전거, 버스에는 **바퀴**가 달려 있어요. **바퀴**는 무엇을 세는 말로도 쓰여요. 운동장을 한 **바퀴** 돌았다면 운동장 둘레를 한 번 빙 돈 거예요.

## 박물관
여러 가지 물건들을 모아 놓고 사람들에게 보여 주는 곳입니다. 공룡 **박물관**도 있고 김치 **박물관**도 있어요.

## 박쥐
나무나 동굴 속에서 살며 밤에 활동하는 동물입니다. **박쥐**는 쥐와 비슷하게 생겼지만 하늘을 날 수 있어요.

## 밖
**밖**에서 자동차 소리가 나요. 집 안에서 **밖**으로 나가려면 신발을 신어야 해요.

아이들이 마당에서 놀고 있어요. **밖**에서 노는 거예요.

## 반갑다

누구를 만나서 기쁘고 즐거운 거예요. 상우는 이사 간 친구를 만나서 **반가웠어요**. 어머니는 길에서 아는 사람을 보면 **반갑게** 인사합니다. 바라던 일을 이루거나 좋은 소식을 들었을 때도 **반갑다**고 해요.

## 반대

찬성하지 않는 거예요. 수영장에 가자는 형의 말에 나는 가기 싫어서 **반대**했어요. 둘의 방향이나 뜻이 아주 다른 거예요. '동쪽'의 **반대** 방향은 '서쪽'이에요. '앞'의 **반대**쪽은 '뒤'예요. '높다'의 **반대**말은 '낮다'입니다.

## 반성

자기가 한 말이나 행동에 잘못이 없는지 생각하는 거예요. 정환이는 어제 동생을 때린 일을 **반성**했어요. **반성**을 하고 나니 마음이 편해졌어요.

## 반찬

밥과 함께 먹는 음식입니다. **반찬**은 채소나 고기 등으로 만들어요. **반찬**을 골고루 잘 먹어야 몸이 튼튼해요.

## 받다

누가 물건을 주면 손을 내밀어 **받습니다**. 친구가 보낸 편지를 오늘 **받았어요**. 현지는 학교에서 '착한 어린이 상'을 **받아서** 기뻤어요. 나는 따르릉 전화가 와서 얼른 **받았어요**. ✱

## 발

몸의 한 부분이에요. **발**은 다리 끝에 있어요. **발**의 바닥이 **발**바닥이에요.

## 발가락

**발가락**은 발에 붙어 있어요. 한 발에 다섯 개씩 모두 열 개예요. **발가락** 끝에 발톱이 있어요.

지연이는 택배 아저씨가 주신 소포를 두 손으로 **받았어요**.

반갑다 ‥ 방

**발견**
지금까지 찾지 못한 것이나 알려지지 않은 것을 찾아내는 것입니다. 명수는 가게에서 새로 나온 과자를 **발견**하고 기뻤어요. 과학자들은 새로운 별을 **발견**하면 곧 이름을 지어요. ❇

**발명**
지금까지 없었던 것을 처음으로 만드는 거예요. 전화, 자동차, 텔레비전은 모두 사람들이 **발명**한 것입니다. **발명**을 하는 사람을 **발명**가라고 해요.

**밝다**
빛이 있어 주위가 환한 거예요. 도시는 불빛이 많아 밤에도 **밝아요**. 색이 어둡지 않은 것도 **밝다**고 해요.

**밟다**
무엇을 발로 누르는 거예요. 어머니와 나는 길에 덮인 눈을 **밟으며** 걸었어요. 정은이는 지하철에서 옆 사람의 발을 **밟고** 곧 사과했어요. ❇

**밤**
해가 져서 주위가 어두워진 때를 말해요. **밤**이 되면 사람들은 잠을 잡니다. 그러면 하루가 지나고 다음 날이 돼요.

**밥**
쌀에 물을 붓고 끓여 만든 음식이에요. 한국 사람들은 옛날부터 **밥**을 먹었어요.

**방**
건물이나 집의 한 부분입니다. **방**에는 벽과 문이 있어요. 사람들은 **방**에서 잠도 자고 놀기도 합니다.

준형이가 바닷가에서 불가사리를 **발견**하고 "이것 봐!" 하고 외쳤어요.

마른 나뭇잎을 **밟으면** 바스락 소리가 납니다.

ㄱㄴㄷㄹㅁ**ㅂ**ㅅㅇㅈㅊㅋㅌㅍㅎ

훈이가 '뿌웅' 하고 **방귀**를 뀌자 친구들이 코를 막고 웃었어요.

## 방귀
필요 없는 공기가 몸 밖으로 나오는 것입니다. **방귀**는 소리가 나기도 하고 냄새가 날 때도 있어요.

## 방법
집을 지으려면 어떻게 짓는지를 알아야 해요. 그것이 **방법**이에요. 시계 보는 **방법**을 알아볼까요? 작은바늘이 1을 가리키고 큰바늘이 6을 가리키면 1시 30분입니다.

## 방송
텔레비전이나 라디오, 인터넷으로 사람들에게 무엇을 보여 주고 들려주는 일입니다. **방송**국은 **방송**을 하는 곳입니다.

## 방울
작고 동그란 액체 덩어리예요. 비가 와요. 빗**방울**이 아주 굵어요. 흔들면 '딸랑딸랑' 소리가 나는 물건도 **방울**입니다.

## 방학
**방학** 때는 학교에 가지 않고 집에서 쉬어요. 여름과 겨울에 **방학**을 합니다.

### 방학

구름이 하늘에 안 나오는 날은?
구름 방학.
개미가 흙 밖으로 안 나오는 날은?
개미 방학.
꽃이 나무에서 안 나오는 날은?
꽃 방학.
말이 입에서 안 나오는 날은?
말 방학.

방학 때는 개미와 구름과
꽃과 말이 다 놀아요.
일하지 않아요.

# 방귀 ‥ 배고프다

## 방향
무엇이 나아가는 쪽이에요. 사람들은 야구공이 날아가는 **방향**으로 고개를 돌렸어요. 동쪽, 서쪽, 남쪽, 북쪽은 **방향**을 가리키는 말이에요.

## 밭
곡식과 채소, 과일을 기르는 땅입니다. 아버지는 **밭**에 씨를 뿌리고 나는 물을 주었어요.

## 배
몸의 한 부분이에요. **배**는 가슴 아래에 있어요.

## 배
강이나 바다를 건널 때 **배**를 타요. **배**는 물에 둥둥 떠서 다닙니다. 건물만큼 큰 **배**도 있어요.

## 배고프다
배 속이 비어 무엇이 먹고 싶은 거예요. 오빠는 밖에 나갔다 들어오면 언제나 "엄마, **배고파요**. 밥 주세요." 하고 소리쳐요. ❄

**배고픈** 노루가 먹이를 찾아 숲을 돌아다녀요.

### 배꼽

**배꼽**은 배 가운데 있어요. 아기가 배 속에 있을 때 어머니와 이어져 있던 자리가 **배꼽**입니다.

### 배려

남을 먼저 생각하고 보살피는 거예요. 지하철이나 버스에는 몸이 불편한 사람을 **배려**하는 자리가 있어요.

### 배부르다

음식을 많이 먹어 배가 가득 찬 거예요. **배부르면** 더 먹고 싶은 생각이 들지 않아요. 혜원이는 친구 집에서 밥을 **배부르게** 먹었어요.

### 배우다

무엇을 새롭게 알게 되는 거예요. 나는 문을 어떻게 잠그는지 어머니께 **배워** 알고 있어요. 새끼 새는 어미 새에게서 나는 법을 **배워요**.

아이들이 선생님께 태권도를 **배웁니다**.

## 백과사전
어떤 것에 대해 알고 싶을 때 사람들은 **백과사전**을 찾아봐요. **백과사전**은 동물, 식물, 자연, 우주 등 사람들이 궁금해하는 것들을 설명해 주는 책입니다.

## 백화점
아주 큰 가게입니다. **백화점**에서는 옷, 가구, 장난감 등 여러 가지 물건을 모아 놓고 팔아요.

## 뱀
몸이 가늘고 긴 동물이에요. **뱀**은 다리가 없어서 몸으로 바닥을 기어 다녀요.

## 버릇
똑같은 행동을 자주 하면 자기도 모르게 **버릇**이 돼요. 연수는 엎드려서 책을 읽는 **버릇**이 있어 고치려고 합니다.

## 버리다
못 쓰는 것이나 필요 없는 것을 없애는 거예요. 먹다 남은 음식은 다른 쓰레기와 함께 **버리면** 안 됩니다. ✱

## 버스
여러 사람을 싣고 다닐 수 있는 큰 차예요. **버스**는 앞문으로 타고 뒷문으로 내려요.

## 번개
하늘에서 갑자기 번쩍 빛이 나는 것이 **번개**예요. **번개**는 공기 속에 있는 전기가 부딪쳐 생깁니다. **번개**가 치고 나면 천둥소리가 나요.

## 벌
'윙' 소리를 내며 하늘을 나는 작은 곤충이에요. **벌**은 떼 지어 살아요. 몸에 바늘이 있어서 찔리면 아파요.

현이는 빈 과자 봉지를 쓰레기통에 **버려요**.

기린은 다리를 **벌리고** 서서 물을 마셔요.

## 벌다
일을 하고 돈을 받는 거예요. 아버지는 은행에서 일을 하고 돈을 **벌어요**.

## 벌레
하늘을 날거나 기어 다니는 작은 생물입니다. 개미, 벌, 거미 등이 **벌레**예요.

## 벌리다
무엇과 무엇 사이를 넓게 만드는 것입니다. 아버지가 두 팔을 **벌려** 아기를 안았어요.

## 벌써
어떤 때가 지나 버렸을 때 **벌써**라는 말을 써요. 기차는 **벌써** 한 시간 전에 떠났어요. 생각한 것보다 빨리 어느 때가 왔을 때도 **벌써**라는 말을 씁니다. 신 나게 놀다 보니 **벌써** 어두워졌어요. **벌써** 봄이 되어 꽃이 피었어요.

## 법
같은 나라에 사는 사람들이 모두 지키기로 한 약속입니다. 빨간 신호등이 켜지면 멈추는 것은 **법**으로 정한 거예요. 산에서 음식을 하지 않는 것도 **법**을 지키는 거예요. 방법을 **법**이라고도 해요.

## 벗기다
무엇을 싸고 있는 것을 떼어 내는 거예요. 어머니는 아기 옷을 **벗겨** 깨끗이 빨았어요. 바나나 껍질을 **벗기면** 하얀 속이 드러납니다.

## 벗다
옷이나 모자 등을 몸에서 떼어 내는 것입니다. 한솔이는 더워서 겉옷을 하나 **벗었어요**. 야구 경기가 끝나자 선수들이 모자를 **벗고** 인사를 합니다.

선미가 동생 신발을 **벗겨** 주었어요.

120

## 베다
칼 같은 것이 몸에 닿아 상처가 나는 것입니다. 동연이는 연필을 깎다가 칼에 손을 **베었어요**. 무엇을 자를 때도 **벤다**고 해요. 농부들이 논에서 벼를 **벱니다**.

## 벼
쌀을 얻기 위해 심는 풀입니다. **벼**는 봄에 논에 심어요.

## 벽
집이나 방을 만들기 위해 세운 것이 **벽**이에요. **벽**은 바닥에서 천장까지 닿아 있어요.

## 변하다
어떤 것이 처음과 다르게 되는 거예요. 현우는 감기에 걸려서 목소리가 이상하게 **변했어요**. ❄

## 별
밤에 하늘에서 반짝반짝 빛을 내는 것이 **별**입니다. **별**은 지구에서 아주 멀리 떨어져 있어요.

토마토는 익으면 색이 빨갛게 **변해요**.

## 병
유리 등으로 만든 그릇이에요. **병**에는 뚜껑이 있어서 액체나 가루를 담아 놓기 편해요.

## 병
몸이 아프거나 건강이 나빠진 것을 말해요. **병**에 걸리면 치료를 받아야 합니다.

## 병균
병을 일으키는 작은 생물입니다. **병균**은 너무 작아서 눈에 보이지 않아요. 몸에 **병균**이 들어가면 사람들은 병이 나요.

# ㄱㄴㄷㄹㅁㅂㅅㅇㅈㅊㅋㅌㅍㅎ

### 병원

사람들은 아프면 병원에 가요.
치과에도 가고 소아과에도 가요.
이비인후과에도 가고
피부과, 안과에도 가요.

사람들은 아프기만 하면 병원에 가요.
그런데 병원이 아프면 어디로 가죠?
병원이 가는 병원은 없어요.
그래서 병원은 아프지 말아야 해요.
아파도 꼭 참아야 해요.

### 병아리
닭의 새끼입니다. 털이 노랗고 '삐악삐악' 소리를 냅니다.

### 병원
아픈 사람을 치료하는 곳이에요. **병원**에서는 의사와 여러 사람들이 일을 해요. 누나는 배가 아파서 **병원**에 갔어요.

### 보내다
무엇을 어디로 가게 하는 것입니다. 승우는 외국에 사는 친구에게 크리스마스 선물을 **보냈어요**.

### 보다
눈으로 무엇을 알거나 느끼는 거예요. 가족들이 모두 모여 텔레비전을 **보고** 있어요. **보다**는 '살펴**보다**', '돌아**보다**'처럼 다른 낱말에 붙여서 쓰기도 합니다.

### 보람
어떤 일을 하길 잘했다는 생각이 드는 거예요. 수영을 열심히 배운 **보람**이 있어요. 바다에서도 수영을 할 수 있게 되었거든요. **보람**된 일을 하고 나면 기분이 좋아요.

### 보살피다
정성껏 보호하고 돕는 거예요. 민재는 할머니가 잘 **보살펴** 주어 병이 나았어요.

### 보이다
어떤 것을 보게 되거나 보도록 하는 거예요. 책의 글씨가 잘 안 **보여** 지훈이는 안경을 썼어요. 솔이는 유명 가수와 함께 찍은 사진을 친구들에게 **보여** 주었어요.

### 보호
다치지 않도록 안전하게 지키는 거예요. 나무를 잘 기르고 강을 깨끗이 하는 것은 자연을 **보호**하는 일입니다.

카멜레온은 자기 몸을 **보호**하기 위해 몸 빛깔을 바꾸어요.

# 병아리 · · 부끄럽다

## 복잡하다
사람이나 차가 많이 오고 가는 것입니다. 시장에 사람이 너무 많아 **복잡해요**. 여러 가지가 섞여 있는 것도 **복잡하다**고 해요. '2+4-6+1×3'은 **복잡한** 문제이지만, '2+4'는 **복잡하지** 않아요. 간단한 문제입니다.

## 봄
날씨가 따뜻해지고 풀과 나무에 싹이 나는 계절입니다. **봄**에는 씨를 뿌려요. **봄**은 겨울 다음에 옵니다.

## 봉사
남을 위해 돈을 받지 않고 일하는 거예요. 큰비로 길이 망가졌는데 **봉사** 활동을 하러 사람들이 많이 왔어요.

영주 어머니가 건널목에서 **봉사** 활동을 합니다.

## 부끄럽다
잘못된 행동이나 실수를 하면 **부끄러워요**. 태수는 거짓말을 한 것이 **부끄러웠어요**. 남 앞에 나서는 것이 창피할 때도 **부끄럽다**고 해요. 정아는 손님이 오면 **부끄러워서** 방에서 나오지 않아요.

은수는 인라인스케이트를 타다가 다른 아이와 **부딪쳤어요**.

나는 영호가 **부러워요**. 영호는 찰흙 만들기를 잘 하거든요.

## 부드럽다

고양이 털이나 아이스크림은 **부드러워요**. 아기 살도 만져 보면 **부드러워요**. 우리 고모는 목소리가 **부드러워서** 듣기 좋아요.

## 부딪치다

무엇과 무엇이 서로 세게 닿는 거예요. 유리컵이 서로 **부딪치면** '쨍그랑' 소리가 납니다. ❄

## 부러지다

단단한 것이 꺾여서 잘못되는 거예요. 의자 다리가 **부러져** 의자를 못 쓰게 되었어요. 바람이 세게 불어 나뭇가지가 **부러졌어요**.

## 부럽다

남이 가지고 있는 것을 자기도 가지고 싶어 하는 거예요. 내 생일 선물을 보고 동생이 **부러워했어요**. ❄

## 부르다

어떤 사람의 이름을 외치는 거예요. 친구가 "민우야!" 하고 나를 **불렀어요**. 노래를 **부른다**는 것은 노래를 하는 거예요.

## 부모

아버지와 어머니를 **부모**라고 해요. 아버지의 **부모**는 할아버지와 할머니입니다.

## 부분

몸의 한 **부분**이라면 몸을 이루는 팔이나 다리 등을 말하는 거예요. 나뭇잎이나 가지, 뿌리는 나무의 한 **부분**이에요.

## 부서지다

무엇이 깨져 못 쓰게 되는 거예요. 태풍이 불어서 집이 많이 **부서졌어요**. 어머니가 **부서진** 화분을 버렸어요.

## 부드럽다 ‥ 부지런하다

### 부수다
무엇을 깨거나 무너뜨리는 거예요. 경아는 모래로 집을 만들다가 마음에 들지 않아 **부수었어요**. 사람들이 오래된 다리를 **부수고** 강에 새 다리를 놓았어요.

### 부엉이
밤에 돌아다니는, 눈이 동그란 새입니다. '부엉부엉' 하고 운다고 **부엉이**라고 해요. **부엉이**는 눈 위에 귀처럼 보이는 털이 있어요.

### 부자
돈이나 값비싼 물건을 많이 가진 사람이에요. **부자**는 가난한 사람과 반대되는 말입니다.

### 부족
충분하지 않은 거예요. 혜원이는 아이스크림이 먹고 싶었지만 돈이 **부족**해서 사 먹지 못했어요. 우리나라는 물이 **부족**한 나라입니다. 물을 아껴 써야 해요.

### 부지런하다
게으름을 피우지 않고 열심히 하는 것입니다. 민주는 **부지런히** 마당을 왔다 갔다 하며 꽃에 물을 주었어요.

어미 새가 **부지런히** 먹이를 물어 나릅니다.

ㄱㄴㄷㄹㅁㅂㅅㅇㅈㅊㅋㅌㅍㅎ

## 북

두드리면 '둥둥' 소리를 내는 악기입니다. 전화가 없던 옛날에는 **북**을 쳐서 소식을 알리기도 했어요.

## 북쪽

방향을 가리키는 말이에요. 해가 뜨는 쪽을 바라보고 섰을 때 왼쪽이 **북쪽**입니다. 겨울에는 **북쪽**에서 차가운 바람이 불어와 날씨가 추워요.

## 불

무엇이 타면서 일어나는 뜨거운 빛이에요. **불**은 음식을 익게 하고 방도 따뜻하게 해 줍니다. 주위를 환하게 하는 빛도 **불**이라고 해요. 지원이는 **불**을 켜 놓고 잠이 들었어요.

## 불다

무엇에 입을 대고 공기를 넣는 거예요. 은이가 풍선을 **불어요**. 바람이 이리저리 움직이는 것을 바람이 **분다**고 해요.

아이들이 공원에서 비눗방울을 **불며** 놀아요.

## 불러오다
불러서 오게 하는 거예요. 내 생일에 나는 친구들을 **불러와서** 신 나게 놀았어요.

## 불쌍하다
마음이 아프고 무언가 돕고 싶은 생각이 드는 거예요. 민수는 동생이 아팠을 때 **불쌍한** 마음이 들었어요. 나는 추워서 떨고 있는 강아지가 **불쌍해** 헝겊을 덮어 주었어요.

## 불편
편안하지 않은 거예요. 이 옷은 단추가 너무 많아서 입고 벗기 **불편해요**. 의자가 너무 높거나 낮으면 앉기 **불편해요**.

## 불평
마음에 들지 않는 것을 말로 표현하는 거예요. 경희는 어머니에게 언니 옷이 입기 싫다고 **불평했어요**. 윤수는 저녁을 먹으면서 맛있는 반찬이 없다고 **불평했어요**.

## 불행
기분이 좋지 않고 몹시 슬픈 거예요. 사람들은 언제 **불행**을 느낄까요? 상우는 아버지에게서 "잠자러 가!"라는 말을 들을 때마다 **불행**을 느껴요. 내 방이 처음 생겼을 때 행복했어요. 하지만 동생과 같이 써야 한다는 말에 곧 **불행**이 찾아왔어요.

## 붓다
많이 울면 눈이 퉁퉁 **부어요**. 동물원에서 오래 걸어 다녔더니 발이 **부었어요**. ✽

## 붓다
가루나 액체를 어디에 옮기는 것입니다. 민지는 설탕 병에 설탕을 가득 **부었어요**.

동생이 눈이 **부어** 눈을 잘 못 떠요.

## 붙다
어디에 닿아서 떨어지지 않는 거예요. 지하철이나 버스에는 광고가 많이 **붙어** 있어요. 매미가 나무에 **붙어** '맴맴' 하고 울어요.

## 붙이다
무엇을 어디에 **붙이면** 떨어지지 않아요. 누나는 방문에 '지금은 공부 중'이라는 글자를 **붙여** 놓았어요.

## 비
하늘에서 떨어지는 물이에요. 구름 속에 있는 물방울이 모여 무거워지면 **비**가 됩니다. **비**를 맞으면 옷이 젖어요.

## 비교
무엇이 비슷하고 무엇이 다른지 알아보는 거예요. 내 바지와 친구 바지를 **비교**했더니, 색깔은 똑같은데 모양이 조금 달랐어요. 어머니는 과일을 사기 전에 여러 과일의 값을 **비교**합니다.

## 비다
속에 아무것도 들어 있지 않은 거예요. 교실이 **비었다면** 교실에 아무도 없는 것입니다. 냉장고가 **비었다면** 먹을 것이 하나도 없는 거예요. **빈** 집은 사람이 없는 집이에요.

## 비둘기
'구구' 소리를 내는 새예요. **비둘기**는 떼를 지어 살아요. 나는 공원에서 **비둘기**에게 먹이를 주었어요.

## 비밀
은주는 아무에게도 말하고 싶지 않은 일이 있어요. **비밀**이 있는 거예요. 나는 형의 **비밀**을 아무에게도 말하지 않았어요. **비밀**을 지킨 거예요. 형의 **비밀**이 뭘까요? 쉿! **비밀**이라서 말할 수 없어요.

수연이가 벽에 생활 계획표를 **붙입니다**.

# 붙다‥빌다

## 비스듬하다
무엇이 한쪽으로 기울어져 있는 거예요. 가족사진이 **비스듬하게** 걸려 있어 아버지가 바로 세웠어요. **비스듬한** 길에서 자전거를 탈 때는 조심해야 해요.

## 비슷하다
똑같지는 않지만 서로 같아 보이는 거예요. 모양이나 성질이 닮은 거예요. 우리 아버지와 어머니는 서로 **비슷하게** 생겼어요. 생각이 똑같은 사람은 없어요. 하지만 **비슷한** 사람은 많아요. ✽

## 비싸다
값이 싸지 않은 거예요. 아버지는 새 차가 너무 **비싸서** 사지 않았어요.

## 비추다
빛을 보내 주위를 밝게 하는 거예요. 달이 높이 떠서 우리 동네를 환하게 **비추고** 있어요. 불빛을 **비추었더니** 길이 잘 보였어요.

## 비치다
빛이 나서 주위가 환하게 되는 거예요. 해가 창문에 **비쳐** 똑바로 바라볼 수 없어요. 빛을 받아 모양이 나타나 보이는 것도 **비친다**고 해요. ✽

## 비행기
사람이나 짐을 싣고 하늘을 나는 커다란 기계입니다. **비행기**를 타면 먼 곳에 빨리 갈 수 있어요.

## 빌다
무엇이 이루어지기를 바라는 거예요. 사람들은 달을 보며 소원을 **빌기**도 해요. 잘못한 일을 용서해 달라고 할 때도 써요. 나는 거짓말을 한 것을 뉘우치고 어머니에게 **빌었어요**.

다람쥐와 청서는 서로 **비슷하게** 생겼어요.

나는 거울에 **비친** 모습이 마음에 들었어요.

# ㄱㄴㄷㄹㅁㅂㅅㅇㅈㅊㅋㅌㅍㅎ

지혜가 개울을 건너다 미끄러져서 물에 **빠졌어요**.

## 빌리다
남의 것을 돌려주기로 하고 얻어 쓰는 거예요. 은지는 연필이 부러져 나에게 하나를 **빌렸어요**. 민주는 **빌린** 책을 돌려주러 도서관에 갔어요.

## 빙산
차가운 바다나 호수에 둥둥 떠 있는 얼음 덩어리입니다. **빙산**은 물 위에 보이는 것보다 물속에 있는 부분이 더 커요. **빙산**은 지구의 남쪽 끝이나 북쪽 끝에 많이 떠 있어요. 그곳을 남극, 북극이라고 해요.

## 빛
해나 달이 **빛**을 비추면 주위가 환하게 돼요. 방에 불을 켜면 불**빛**이 생깁니다. **빛**이 있으면 밝아요. 달**빛**은 달에서 나오는 **빛**이에요.

## 빛깔
물체가 빛을 받아 나타내는 색입니다. 햇빛에 유리구슬을 비추면 아름다운 **빛깔**이 나요.

## 빛나다
빛이 환하게 비치는 거예요. 내가 유리창을 닦았더니 유리창이 반짝반짝 **빛나요**.

## 빠르다
움직이는 데 시간이 많이 걸리지 않는 거예요. 지호는 **빠르게** 달려 반대편 선수의 공을 빼앗았어요. 자동차, 기차, 비행기 중에 가장 **빠른** 것은 비행기예요.

## 빠지다
무엇이 물속에 들어가거나 깊은 곳으로 떨어지는 것입니다. 눈이 많이 내려 발이 눈 속에 푹푹 **빠져요**. 신발이 물에 **빠져서** 젖었어요. 말려야 해요. ❇

# 빌리다 • • 빨리

## 빠지다
속에 있던 것이 나와 없어지는 거예요. 공은 바람이 **빠지면** 잘 굴러가지 않아요. 아버지는 몸무게가 줄었어요. 살이 **빠진** 거예요.

## 빨갛다
잘 익은 토마토나 사과 색을 **빨갛다고** 해요. 봄이는 부끄러울 때 얼굴이 **빨개집니다**. 나는 밭에서 **빨갛게** 익은 딸기를 골라 땄어요.

## 빨다
무엇을 입 안에 넣고 녹여 먹는 거예요. 미영이가 사탕을 **빨아** 먹어요. 무엇을 입에 대고 당겨 입으로 들어가게 하는 거예요. 아기가 잠을 자면서 손가락을 **빨아요**.

## 빨다
더러워진 옷이나 물건을 물로 깨끗하게 씻는 일이에요. 그런 물건을 빨래라고 합니다.

## 빨리
어떤 것을 빠르게 할 때 쓰는 말이에요. 준호는 책을 아주 **빨리** 읽어요. "**빨리** 와!" 하고 말하자 동생이 달려왔어요.

용태는 앞니가 두 개나 **빠졌어요**.

세상에서 가장 **빨리** 뛰는 동물은 치타입니다.

# ㄱㄴㄷㄹㅁㅂㅅㅇㅈㅊㅋㅌㅍㅎ

승연이가 "아! 잘 잤다." 하며 팔을 쭉 **뻗었어요**.

### 빵
곡식의 가루로 만든 음식이에요. **빵**은 불에 구워 만듭니다. **빵**은 원래 외국 사람들이 먹던 음식이었어요.

### 빼다
안에 있는 것을 밖으로 나오게 하는 거예요. 민규는 이가 흔들려 병원에 가서 이를 **뺐어요**. 어떤 것을 줄이거나 작게 하는 것도 **뺀다**고 해요. 다섯에서 둘을 **빼면** 셋이에요. 이모는 살을 **빼기** 위해 자전거를 타요.

### 빼앗기다
누가 자기 것을 함부로 가져가는 거예요. 아기가 손에 든 것을 **빼앗기고** 울었어요. 원숭이가 다른 원숭이에게 바나나를 **빼앗겼어요**.

### 빼앗다
남의 것을 함부로 가져오는 거예요. 어머니는 아기가 다칠까 봐 손에 들고 있는 가위를 얼른 **빼앗았어요**.

### 뻗다
굽혔던 것을 똑바로 펴는 거예요. 현수가 마룻바닥에 앉아 다리를 **뻗고** 운동을 해요. 뿌리나 줄기, 가지가 길게 자란 것도 **뻗은** 거예요. 나뭇가지가 하늘 높이 **뻗어** 있어요. ❈

### 뼈
사람이나 동물의 살 속에 있는 단단한 부분이에요. 음식을 씹는 이도 **뼈**예요. 사람 몸에는 **뼈**가 몇 개 있을까요? 어린이의 **뼈**는 350개 정도이고 어른이 되면 여러 **뼈**들이 합쳐져서 206개가 됩니다.

### 뽐내다
무엇을 남에게 보이며 자랑하는 거예요. 은영이가 새 구두를 **뽐내며** 걷고 있어요.

# 빵 · · 뿌리다

## 뽑다
여럿 중에서 무엇을 선택하는 것입니다. 선생님은 공을 잘 차는 재원이를 축구 선수로 **뽑았어요**. 속에 있는 것을 잡아당겨 나오게 하는 것입니다. 희정이는 아버지 머리에서 흰머리가 보일 때마다 **뽑아** 드려요.

## 뾰족하다
끝이 가늘고 단단한 거예요. 바늘이나 칼은 끝이 **뾰족해요**. 악어가 입을 벌리자 **뾰족한** 이가 드러났어요.

## 뿌리
식물의 한 부분이에요. **뿌리**는 땅속에 파묻혀, 식물이 자라는 데 필요한 것을 빨아올려요.

## 뿌리다
무엇을 여러 방향으로 흩어지게 하는 거예요. 봄에 꽃씨를 **뿌렸더니** 가을에 꽃이 피었어요.

고슴도치의 털은 바늘처럼 **뾰족해요**.

코끼리들이 코로 물을 **뿌려요**. 목욕을 하는 거예요.

시옷

# 사고··사라지다

## 사고
갑자기 일어나는 나쁜 일이에요. **사고**가 나면 사람이 다치기도 해요. 도시에서는 자동차 **사고**가 자주 일어납니다.

## 사과
가을에 나는 과일이에요. 빨간 **사과**, 파란 **사과**가 있어요.

## 사과
남에게 미안하다고 말하는 거예요. 윤태는 나에게 "화내서 미안해." 하고 **사과**했어요.

## 사귀다
시간을 함께 보내며 친하게 지내는 거예요. 나와 승민이는 오래된 친구예요. **사귄** 지 벌써 3년이나 되었어요.

## 사다
물건 값을 주고 그 물건을 가져오는 거예요. 가게에서 누나는 주스를 **사고** 나는 우유를 **샀어요**.

철우는 새 학교에서 친구를 많이 **사귀었어요**.

## 사라지다
갑자기 없어져서 눈에 보이지 않는 거예요. 방바닥에 있던 장난감이 **사라졌어요**. 어디 있는지 모르겠어요. 고양이가 조금 전까지도 내 옆에서 놀고 있었는데 **사라졌어요**.

# ㄱㄴㄷㄹㅁㅂㅅㅇㅈㅊㅋㅌㅍㅎ

지은이는 할머니를 무척 **사랑**해요.

## 사람
남자, 여자, 아이 등이 **사람**이에요. **사람**은 말을 할 줄 알고 생각을 하는 동물입니다.

## 사랑
누군가를 아끼고 좋아하는 것입니다. 함께 있고 싶고, 함께 있으면 기분 좋은 것이 **사랑**이에요. ✺

## 사막
모래와 돌로 덮인 넓은 땅이에요. 매우 덥고 물이 없어 사람이 살기 힘들어요. **사막**에는 비가 오지 않아요.

## 사실
정말로 일어난 일을 **사실**이라고 해요. 눈으로 보고 알 수 있는 일도 **사실**입니다. 지구가 둥글다는 것은 누구나 아는 **사실**이에요. 정현이가 아이스크림을 먹은 것은 **사실**이에요. 입 주위에 아이스크림이 묻어 있거든요.

## 사이
한곳에서 다른 곳까지의 거리나 공간을 말해요. 나는 언제나 어머니와 아버지 **사이**에서 걸어요. 우리 집과 옆집 **사이**에는 키 작은 나무들이 심어져 있어요. 누구와 **사이**가 좋다면 서로 친하게 지내는 거예요. ✺

## 사자
몸이 크고 힘이 센 동물이에요. 수사자는 목 주위에 갈기라고 부르는 털이 있어요. 원래 **사자**는 더운 나라에서 삽니다.

## 사전
낱말의 뜻을 설명한 책입니다. **사전**은 낱말이 ㄱ, ㄴ 순서대로 나와 있어서 찾기 쉬워요. 국어**사전**도 있고 영어 **사전**도 있어요. 여러분이 읽고 있는 이 책은 국어**사전**이에요. 이 **사전**에서 '행복'이라는 낱말을 찾아보세요.

고양이가 화분과 화분 **사이**에 앉아 있어요.

136

사람 ‥ 살다

지웅이와 나는 곰 아저씨와 함께 **사진**을 찍었어요.

## 사진
무엇을 기념하기 위해 카메라로 찍은 거예요. **사진**을 찍으면 오랫동안 두고 볼 수 있어요. 우리 집 벽에는 가족**사진**이 걸려 있어요.

## 사촌
아버지 형제의 아들이나 딸을 말해요. 동호는 큰아버지의 아들이에요. 나의 **사촌** 동생이에요.

## 사탕
단맛이 나는 과자예요. **사탕**은 단단하고 동그래요.

## 산
**산**은 높아요. **산**에는 나무가 자라고 동물이 살아요. 우리나라에는 **산**이 많아요.

## 살
몸은 **살**과 뼈로 되어 있어요. 만졌을 때 부드러운 부분이 **살**이에요. **살**은 뼈를 둘러싸고 있어요.

## 살다
숨을 쉬고 몸이 자라는 거예요. 선미는 도시에서 **살고** 나는 시골에서 **살아요**. 백 살 넘게 **사는** 거북도 있어요.

ㄱㄴㄷㄹㅁㅂㅅㅇㅈㅊㅋㅌㅍㅎ

아이들이 공을 찾으려고 풀 속을 **살펴요**.

## 살피다
자세하게 보는 것입니다. 현우는 나비에게 다가가 날개 무늬를 **살폈어요**. 차를 타거나 내릴 때는 주위를 잘 **살펴야** 해요.

## 삼촌
아버지의 형이나 남동생을 말해요. 어머니의 오빠나 남동생은 외삼촌이라고 해요.

## 삼키다
어떤 것을 입에 넣어 목으로 넘기는 거예요. 동생은 알약을 한 번에 꿀꺽 **삼켰어요**. 뱀은 큰 알을 한입에 **삼킬** 수 있어요.

## 상
잘한 일을 칭찬하기 위해 주는 물건입니다. 진호는 그림을 잘 그려서 **상**을 받았어요.

## 상상
한번도 본 적이 없거나 아직 일어나지 않은 일을 마음속으로 그려 보는 거예요. 지훈이는 옛날이야기를 들으며 도깨비의 모습을 **상상했어요**. 민지는 커서 가수가 된 자기 모습을 **상상**해 보았어요.

# 살피다··새

## 상어
바다에서 사는 큰 물고기예요. **상어**는 이가 뾰족하고 힘이 세서 위험합니다.

## 상자
무엇을 넣어 두는 물건이에요. **상자**는 나무나 두꺼운 종이로 만들어요.

## 상처
넘어지거나 다쳐서 상한 자리예요. 동우는 발에 **상처**가 나서 잘 걷지 못했는데 지금은 괜찮아요.

## 상쾌하다
시원하고 기분이 좋은 것입니다. 숲길을 걸으면 공기가 좋아서 **상쾌해요**. 연희는 목욕을 하고 나니 기분이 **상쾌해서** 날아갈 것 같았어요. ❄

으음, 바람이 정말 **상쾌해요**.

## 상품
남에게 파는 물건이에요. 가게에 있는 물건이 모두 **상품**입니다.

## 상하다
음식이 **상하면** 못 먹어요. 버려야 해요. 친구한테 나쁜 말을 들으면 기분이 **상해요**. 몸에 상처가 생기거나 건강이 나빠지는 것도 **상하는** 거예요.

## 새
하늘을 날 수 있는 동물이에요. **새**는 알을 낳아요. 비둘기, 부엉이, 앵무새, 독수리 등이 **새**입니다.

## 새
**새** 물건은 한번도 쓰지 않은 물건이에요. **새해**는 1월 1일부터 시작해요. ❄

윤수는 **새** 운동화가 생겨서 기분이 좋아요.

139

ㄱㄴㄷㄹㅁㅂㅅㅇㅈㅊㅋㅌㅍㅎ

### 새끼
태어난 지 얼마 되지 않은 동물입니다. 소의 **새끼**는 송아지, 말의 **새끼**는 망아지라고 해요. **새끼**손가락은 손가락 중에서 가장 작은 손가락입니다.

### 새롭다
지금까지 없었던 것을 말할 때 **새롭다**고 해요. 집 앞에 **새로운** 건물이 생겼어요. 선생님이 바뀌었어요. 옛날 선생님이 가시고 **새로운** 선생님이 오셨어요.

### 새벽
날이 밝기 시작하는 때를 말해요. 나는 해가 뜨는 것을 보려고 **새벽**에 일어났어요.

### 색
빨간**색**, 노란**색**, 파란**색**이 **색**이에요. **색**은 여러 가지가 있어요. 딸기는 무슨 **색**일까요? 빨간**색**이에요.

### 샘
남의 것을 가지고 싶은 마음입니다. 남을 부러워하는 것을 **샘**이 난다고 해요. 영환이는 할머니가 아기 동생만 안아 주어 **샘**이 났어요.

은별이는 동건이의 새 장난감을 보자 **샘**이 났어요.

### 생각
어떤 일을 머릿속으로 떠올리는 거예요. 훈이는 갑자기 아이스크림을 먹고 싶은 **생각**이 들었어요. 나는 음악 시간에 무슨 노래를 할까 **생각**했어요.

### 생기다
없던 것이 새로 있게 되는 거예요. 민영이는 새 친구가 **생겨** 기뻤어요. 어떤 일이 일어나는 것도 **생긴다**고 해요. 아버지가 바쁜 일이 **생겨** 집에 늦게 왔어요. 어떤 모습을 표현할 때도 써요. 내 동생은 나를 닮아 예쁘게 **생겼어요**.

# 새끼··섞다

## 생명
살아 있는 것에는 모두 **생명**이 있어요. **생명**이 끝나면 죽은 것입니다. 아주 작은 생물이라도 **생명**은 소중한 거예요.

## 생물
생명을 가지고 있는 것을 **생물**이라고 해요. 사람, 동물, 식물이 **생물**이에요.

## 생일
자기가 태어난 날입니다. 세영이가 9월 29일에 태어났다면 9월 29일이 세영이 **생일**이에요.

미어캣이 **서서** 주위를 살펴요.

## 서다
발을 바닥에 대고 몸을 똑바로 일으키는 거예요. 재우는 길에 **서서** 친구를 기다렸어요. 가다가 멈추는 것도 **선다**고 해요. ❄

## 서두르다
급하게 움직이는 거예요. 연규는 비가 내릴 것 같아 **서둘러서** 집으로 왔어요. 누나가 말했어요. "**서둘러**! 잘못하면 공연 시간에 늦겠다."

## 서로
형과 내가 **서로** 보았다면, 형도 나를 보고 나도 형을 본 거예요. 아버지와 건우는 목욕할 때 **서로** 등을 밀어 줍니다.

## 서쪽
방향을 가리키는 말이에요. 해가 지는 쪽이 **서쪽**이에요. **서쪽**은 동쪽의 반대쪽입니다.

## 섞다
서로 다른 것을 합치는 거예요. 진주는 뜨거운 물에 찬물을 **섞어서** 얼굴을 씻었어요. 어머니가 빵을 만들기 위해 밀가루에 우유를 **섞었어요**. ❄

하얀색과 파란색을 **섞으면** 하늘색이 됩니다.

ㄱㄴㄷㄹㅁㅂ**ㅅ**ㅇㅈㅊㅋㅌㅍㅎ

### 선물
남에게 주는 물건이에요. 사람들은 어떤 일을 축하하거나 고마운 마음을 표현하기 위해 **선물**을 해요.

### 선생
학생에게 어떤 것을 가르치는 사람입니다. **선생**을 높여 **선생**님이라고 불러요. 남을 가르치지 않아도 존경을 나타내기 위해 **선생**이라고 부르기도 합니다.

### 선수
운동 경기를 하기 위해 뽑힌 사람이에요. 달리기를 하는 사람은 달리기 **선수**, 축구를 하는 사람은 축구 **선수**입니다.

### 설날
한국의 큰 명절이에요. **설날**에는 조상에게 제사를 지내고 어른께 세배를 합니다.

### 설명
남이 잘 알 수 있도록 말해 주는 거예요. 승철이는 누나에게 **설명**을 듣고 화산이 어떻게 생기는지 이해했어요. 형이 리모컨을 어떻게 쓰는지 내게 **설명**해 주었어요. ❄

### 설탕
단맛이 나는 하얀 가루예요. 음식을 만들 때 넣어요. 아이스크림에는 **설탕**이 들어 있어서 달아요.

### 섬
바다로 둘러싸인 땅입니다. 독도는 한국의 **섬**이에요. 일본과 영국은 **섬**으로 이루어진 나라예요.

### 세계
지구에 있는 모든 나라를 합쳐 **세계**라고 해요. **세계**에서 가장 높은 산은 어디일까요? **세계**에서 가장 긴 강은요?

선생님이 학생들에게 옛날 도자기에 대해 **설명**합니다. "이 도자기는 지금부터 700년 전쯤에 만들어진 것인데……."

선물·· 세상

## 세다
수가 얼마나 되는지를 알아보는 거예요. 두 손의 손가락을 모두 **세면** 열 개예요. 하늘의 별은 너무 많아 **셀** 수 없어요.

태훈이가 병아리를 **세어** 봅니다. "한 마리, 두 마리, 세 마리……."

## 세다
강하고 힘이 많은 거예요. 형은 힘이 **세서** 무거운 것도 잘 옮겨요. 코끼리는 힘이 **센** 동물이에요.

## 세로
어떤 것의 위에서 아래까지의 길이입니다. 현경이는 **세로** 줄무늬 옷을 입어서 키가 커 보여요.

## 세모
모서리가 세 개 있는 모양입니다. **세모**는 산처럼 뾰족해요. 삼각형이라고도 해요.

## 세배
설날에 어른께 엎드려 하는 인사입니다. **세배**하는 것을 '세배 드린다'고 해요.

## 세상
모든 사람들이 어울려 사는 곳이에요. 내가 **세상**에서 가장 좋아하는 사람은 우리 어머니예요.

냉장고는 가로보다 **세로**가 더 길어요.

# ㄱㄴㄷㄹㅁㅂㅅㅇㅈㅊㅋㅌㅍㅎ

지훈이가 아버지를 도와 논에 허수아비를 **세워요**.

## 세우다
서게 하는 거예요. 아버지가 집 앞에 차를 **세우고** 어머니와 나를 기다렸어요.

## 셈
수를 세는 거예요. 덧**셈**은 수를 더하는 것이고 뺄**셈**은 수를 빼는 거예요. 수진이는 학교에서 **셈**하는 법을 배웠어요.

## 셋
둘 다음에 오는 수예요. 둘에 하나를 더하면 **셋**이 됩니다. 우리 가족은 아버지, 어머니, 나, 이렇게 **셋**입니다.

## 소
'음매' 하고 우는 동물이에요. **소**는 몸이 크고 힘이 아주 세요.

## 소금
짠맛을 내기 위해 음식에 넣는 하얀색 가루입니다. **소금**은 바다에서 얻어요. 바닷물이 마르면서 **소금**이 만들어져요.

# 세우다 ‥ 속삭이다

### 소리
**소리**는 귀로 들을 수 있어요. 배가 고프면 배에서 '꼬르륵' **소리**가 나요. 자전거가 '따르릉' **소리**를 내며 지나가요. **소리**를 크게 내는 것을 **소리**친다고 합니다. 공이 날아오자 영이가 나에게 "조심해!" 하고 **소리**쳤어요.

### 소방차
불을 끄는 차입니다. **소방차**는 불을 끄기 위해 물을 많이 실은 빨간 차예요. 불을 끄는 사람은 소방관입니다.

### 소식
어디서 어떤 일이 일어났는지 알려 주는 말이에요. 외국으로 떠난 친구에게서 **소식**이 없어요. 잘 있는지 궁금해요.

### 소원
무엇이 이루어지기를 바라는 거예요. 영주의 **소원**은 빨리 어른이 되는 거예요.

### 소중하다
매우 중요하게 생각하는 거예요. 현태가 자기 물건 중에서 **소중하게** 생각하는 것은 시계입니다. ❈

### 소풍
경치가 좋은 곳으로 놀러 가는 거예요. 민경이는 오늘 학교에서 **소풍**을 갑니다. **소풍** 온 아이들이 공원에 가득해요.

### 속
어떤 것의 안쪽 부분이에요. 포도 **속**에 포도 씨가 들어 있어요. 우리 몸속에는 피가 흘러요.

### 속삭이다
아주 작은 소리로 말하는 거예요. 지영이와 현희가 비밀 이야기를 **속삭입니다**. ❈

초롱이는 이모가 만들어 준 인형을 **소중하게** 간직할 거예요.

나는 동생이 못 듣도록 어머니 귀에 대고 "놀다 올게요." 하고 **속삭였어요**.

ㄱㄴㄷㄹㅁㅂㅅㅇㅈㅊㅋㅌㅍㅎ

지혜는 비행기 날개가 부러져서 **속상해요**.

### 속상하다
기분이 상해서 마음이 아픈 거예요. 동생이 공을 잃어버리고 몹시 **속상해해서** 내가 위로해 주었어요.

### 손
**손**은 팔 끝에 있어요. 사람들은 **손**으로 무엇을 잡거나 만져요. 동물은 **손**이 없어요. 발만 있어요.

### 손가락
손에 달려 있는 가늘고 긴 부분이에요. **손가락** 끝에는 손톱이 있어요.

### 손님
다른 곳에서 찾아온 사람입니다. 형 친구들이 형을 만나러 집에 왔어요. **손님**이 온 거예요. 물건을 사러 가게에 온 사람도 **손님**이라고 해요.

### 손뼉
**손뼉**을 친다면 손바닥을 서로 부딪치는 거예요. **손뼉**을 치면 '짝짝짝' 소리가 납니다.

### 솔직하다
말과 행동에 거짓이 없고 바른 거예요. 진우는 선생님께 자기가 꽃병을 깼다고 **솔직하게** 말했어요.

### 수
**수**를 세면 무엇이 얼마나 있는지 알 수 있어요. 교실에 학생이 몇 명 있을까요? 학생 **수**는 모두 서른 명이에요. 경민이는 새끼 고양이의 **수**를 세어 보았어요. 세 마리였어요.

### 수박
여름에 먹는 달고 물이 많은 열매입니다. **수박**은 동그랗고 어른 머리보다 더 커요. 속에는 씨가 많아요.

영미는 노래를 부르고 우리는 **손뼉**을 쳤어요.

## 수수께끼
재미있는 말놀이에요. 보라는 삼촌에게 **수수께끼**를 냈어요.
"개 중에서 가장 큰 개는 무엇일까요?" 삼촌이 "안개!"
하고 대답했어요. 보라가 말했어요. "그건 개가 아니에요.
틀렸어요."

## 수영
운동이나 놀이로 물속에서 헤엄치는 거예요. **수영**할 때 입는
옷을 **수영**복이라고 합니다.

아이들이 수영장에서 **수영**을 합니다.

## 순서
무엇을 먼저 하고 무엇을 나중에 할지 정해 놓은 것이
**순서**예요. 영훈이는 종이배를 만들고 싶은데 접는 **순서**를
잊어버렸어요. **순서**는 차례와 같은 뜻으로도 쓰여요.

## 숟가락
음식을 먹을 때 쓰는 물건입니다. 한쪽 끝이 둥글게 되어
있어요. **숟가락**은 젓가락과 함께 쓰입니다.

## 숨

공기를 마시고 다시 내어 놓는 것이 **숨**이에요. 이렇게 하는 것을 **숨**을 쉰다고 해요. 모든 생물은 **숨**을 쉬어요.

## 숨기다

어떤 것을 안 보이게 하는 거예요. 슬기는 일기장을 아무도 모르는 곳에 **숨겨** 두어요.

## 숨다

남이 보지 못하게 몸을 감추는 거예요. 내 동생은 잘 **숨어요**. 동생이 **숨으면** 아무도 못 찾아요. 나를 보고 친구가 얼른 **숨었어요**.

술래가 눈을 가리자 아이들이 재빨리 **숨었어요**.

## 숨바꼭질

숨어 있는 사람을 찾는 놀이예요. **숨바꼭질**에서 숨은 사람을 찾는 사람을 술래라고 해요.

## 숫자

수를 나타내는 글자입니다. 1, 2, 3은 **숫자**예요. 이 페이지 맨 아래에도 **숫자**가 나와 있어요. 148이라고 씌어 있지요?

## 숲

나무와 풀이 아주 많이 있는 땅입니다. 수풀을 줄여서 **숲**이라고 말합니다.

## 쉬다

하던 일을 멈추고 몸과 마음을 편안히 하는 거예요. 정우는 운동을 하고 들어와 다리를 쭉 뻗고 **쉬었어요**. 학교에는 공부 시간 사이사이에 **쉬는** 시간이 있어요. ✳

## 쉽다

힘들거나 어렵지 않은 것입니다. 우리 집은 주소가 크게 씌어 있어서 찾기 **쉬워요**. 숫자 '1'은 '2'보다 쓰기 **쉬워요**. ✳

아버지와 나는 산을 오르다가 잠깐 **쉬었어요**.

## 스스로

남의 도움 없이 혼자 힘으로 할 때 쓰는 말이에요. 진영이는 아침에 깨우지 않아도 **스스로** 일어나요. 봄이 되면 꽃은 **스스로** 피어납니다.

## 슬그머니

남이 알지 못하게 몰래 할 때 **슬그머니** 한다고 해요. 할머니가 사탕을 내 주머니에 **슬그머니** 넣어 주셨어요. 고양이가 **슬그머니** 내 옆으로 와서 잠을 자요.

## 슬프다

마음이 아프고 즐겁지 않은 거예요. **슬플** 때는 울고 싶은 기분이 들어요. 친구가 이사 간다는 말에 이슬이는 무척 **슬펐어요**.

## 시

마음속의 생각과 느낌을 표현한 짧은 글이에요. **시**는 소리 내어 읽으면 듣기 좋아요. 어린이를 위해 쓴 **시**를 동시라고 해요.

사물함에 이름을 써 놓으면 찾기 **쉬워요**.

## 시간
하루는 24시간이에요. 도현이는 날마다 같은 **시간**에 학교에 가요. 형은 밖에서 놀다가도 저녁 먹을 **시간**이 되면 딱 맞추어 집에 돌아와요. 놀다 보면 **시간**이 빨리 지나가요.

## 시계
큰바늘과 작은바늘이 돌면서 지금 몇 시인지 알려 주는 기계입니다. **시계**를 보니 7시예요. 일어날 시간이에요.

## 시골
**시골**은 도시와 달라요. 나무와 숲이 많고 공기가 깨끗해요. 동균이네 가족은 **시골**에서 큰 농장을 해요.

## 시끄럽다
주위에서 큰 소리가 들리는 거예요. **시끄러운** 소리는 듣기 싫어요. 창문을 열자 밖에서 **시끄러운** 차 소리가 들렸어요. 라디오 소리가 **시끄러워서** 껐어요.

## 시다
김치가 너무 익으면 맛이 **시어요**. 잘 익지 않은 포도도 **십니다**. 신 음식을 먹으면 저절로 눈이 감겨요. ❇

레몬은 너무 **시어요**. 얼굴이 저절로 찡그려집니다.

## 시원하다
더울 때 바람이 불면 **시원하고** 기분이 좋아요. 얼음물을 마시면 무척 **시원해요**.

## 시작
어떤 행동이나 일의 처음을 말해요. 영화가 **시작**되자 사람들이 조용해졌어요. 은지가 다니는 유치원은 오전 9시에 **시작**해서 오후 2시에 끝나요.

## 시장
물건을 사고파는 곳입니다. **시장**에는 가게가 많아요.

# 시간··신기하다

## 시키다
남에게 어떤 일을 하게 하는 거예요. 할머니께서 나에게 마실 물을 가져오라고 **시키셨어요**. 우리 가족은 음식점에 가서 여러 가지 음식을 **시켰어요**.

## 시험
어떤 것을 잘 알고 있는지 문제를 내어 알아보는 거예요. 형은 오늘 학교에서 영어 **시험**을 봤는데 아주 잘 봤어요. 한 문제도 틀리지 않았어요.

## 식물
풀과 꽃, 나무가 모두 **식물**이에요. **식물**은 뿌리, 줄기, 잎으로 되어 있어요.

## 식물원
여러 종류의 식물을 모아 놓고 사람들에게 보여 주는 곳이에요. **식물원**에 가면 아주 더운 나라에서 사는 식물도 볼 수 있어요.

## 식탁
밥을 먹을 때 음식을 올려놓는 곳이 **식탁**이에요.

## 신
아주 즐거운 기분이에요. 재원이는 선생님께 칭찬을 듣고 **신**이 났어요. 나는 할머니가 오셨다는 말을 듣고 **신**이 나서 집으로 달려갔어요. ❄

## 신기하다
아주 새롭고 놀라운 것이에요. 카드 마술은 언제 보아도 **신기해요**. 민주는 사람들이 달에 갈 수 있다는 것을 **신기하게** 생각했어요. ❄

승연이는 어머니, 아버지와 놀이 공원에 갈 때 가장 **신**이 나요.

반딧불이는 **신기해요**. 몸에서 반짝반짝 빛을 내요.

## 신다
신발이나 양말 속에 발을 넣는 거예요. 나는 치마를 입을 때는 언제나 구두를 **신어요**.

## 신문
새로운 소식을 알려 주는 종이입니다. **신문**을 읽으면 어디서 어떤 일이 생겼는지 알 수 있어요. 아버지는 아침에 일어나면 먼저 **신문**을 봐요. **신문**에는 광고가 많이 나와 있어요.

## 신발
발을 보호하기 위해 신는 물건입니다. 운동화, 구두 등이 **신발**이에요. 신이라고도 해요.

## 신호등
사람이나 차가 언제 지나가고 언제 멈추어야 할지를 알려 주는 불빛입니다. **신호등** 불빛은 빨강, 노랑, 녹색 세 가지예요. 건널목이나 횡단보도에 있어요.

## 싣다
짐을 다른 곳으로 옮기려고 차나 배에 올려놓는 거예요. 외국으로 나가는 배가 짐을 가득 **싣고** 떠납니다.

## 실
**실**은 가늘고 길어요. 바느질을 할 때나 무엇을 묶을 때 써요.

## 실망
어떤 일이 바라던 대로 되지 않아 기분이 안 좋은 거예요. 밥을 먹을 때 좋아하는 반찬이 없으면 동생은 몹시 **실망**해요.

## 실수
조심하지 않아 일을 잘못한 거예요. 어머니는 **실수**로 음식에 소금을 넣지 않고 설탕을 넣었어요. 사람은 누구나 **실수**를 해요. 친구가 **실수**를 하면 따뜻하게 위로해 주세요.

언니가 **실수**로 풍선을 놓쳐서 풍선이 하늘로 올라가요.

# 신다··싶다

## 싫다
마음에 들지 않거나 좋지 않은 거예요. 모르는 사람이 함께 어디로 가자고 하면 "**싫어요.**" 하고 말해야 해요. 정민이는 우유가 **싫어서** 주스를 마셨어요.

## 싫어하다
좋아하지 않는 거예요. 해정이는 고기를 **싫어해서** 안 먹어요. 우리 형은 사진 찍기를 무척 **싫어해요**. 누가 사진을 찍으려고 하면 멀리 달아나요.

## 심다
식물의 뿌리나 씨를 땅속에 묻는 거예요. 아버지는 내가 태어나던 해에 마당에 사과나무를 **심었어요**.

## 심부름
남이 시키는 일을 해 주는 거예요. 현우는 어머니 **심부름**으로 빵을 사러 가요.

## 심심하다
할 일이 없거나 재미가 없으면 **심심해요**. 고은이는 놀 친구가 없어서 **심심했어요**. 동생이 생긴 다음부터 태훈이는 **심심하지** 않아요.

## 심장
**심장**은 가슴의 왼쪽에 있어요. **심장**은 몸속에서 피가 돌게 합니다. **심장**이 멈추면 살지 못해요.

## 싶다
무엇을 하려고 하거나 바라는 마음이 있는 거예요. 선미는 얼른 커서 학교에 가고 **싶어요**. 수지는 친구와 놀고 **싶어서** 친구에게 전화를 걸었어요.

식목일이 되면 우리 가족은 나무를 **심어요**.

### 심심할 때

혼자 있을 때
할 놀이가 없을 때
공부하기 싫을 때
이런 때가 심심할 때랍니다.

잠자기도 싫고
밥도 먹기 싫고
텔레비전도 보기 싫고
이런 때가 친구가 필요할 때랍니다.

ㄱㄴㄷㄹㅁㅂㅅㅇㅈㅊㅋㅌㅍㅎ

어머니, 아버지가 이삿짐을 **싸고** 있어요.

수사슴 두 마리가 뿔을 맞부딪치며 **싸워요**.

### 싸다
물건의 겉을 헝겊이나 종이 등으로 감는 거예요. 어머니가 정성껏 도시락을 **싸** 주었어요. 어머니는 봄이 되면 겨울 옷을 **싸서** 옷장에 넣어 두어요. ✱

### 싸다
어떤 물건의 값이 다른 것보다 낮은 거예요. 100원짜리 연필과 200원짜리 연필이 있다면 100원짜리 연필이 더 **싼** 거예요.

### 싸우다
서로 화가 나서 큰 소리를 치는 거예요. 싸움이 커지면 서로 때리기도 해요. 나와 동생은 서로 먼저 컴퓨터를 하겠다고 **싸웠어요**. 친구와는 **싸우지** 말고 사이좋게 지내야 해요. ✱

### 싸움
싸우는 행동을 **싸움**이라고 해요.

### 싹
씨를 심으면 **싹**이 나요. **싹**이 자라서 잎이나 줄기가 됩니다.

## 싸다 ‥ 쏟다

### 쌀
밥을 만드는 곡식입니다. 벼의 껍질을 벗기면 **쌀**이 돼요.

### 쌍
두 개씩 짝을 이룬 것을 **쌍**이라고 해요. 신발은 두 짝이 한 **쌍**이에요.

### 쌍둥이
같은 날 함께 태어난 형제를 말해요. 민지와 민주는 **쌍둥이**예요. 생일도 똑같고 얼굴도 똑같아요.

### 쌓다
책을 **쌓았다면** 책 위에 책을 올려놓은 거예요. 아저씨들이 돌을 **쌓아** 높은 담을 만들었어요. 동생이 책을 **쌓아** 놓고 계속 읽어 달라고 해요.

### 쌓이다
어떤 것 위에 어떤 것이 계속 올려지는 거예요. 청소를 하지 않으면 먼지가 **쌓여요**. 눈이 **쌓여** 마당이 넓은 눈밭처럼 보여요.

### 썩다
어떤 것이 상하여 못 쓰게 되는 것입니다. 먹을 것이 **썩으면** 나쁜 냄새가 나고 색이 변합니다. 이가 상한 것도 이가 **썩었다고** 말합니다.

### 썰매
얼음이나 눈 위에서 타고 노는 물건입니다. **썰매**는 다리를 구부려 앉은 자세로 탑니다.

### 쏟다
안에 있던 것을 밖으로 나오게 하는 거예요. 동생이 방바닥에 우유를 **쏟아서** 내가 닦았어요.

혜영이가 블록을 **쌓아** 예쁜 집을 만듭니다.

## 쏟아지다

안에 있던 것이 한꺼번에 밖으로 나오는 거예요. 어머니가 설탕 그릇을 떨어뜨려 설탕이 **쏟아졌어요**. 무엇이 위에서 아래로 떨어져 내리는 것도 **쏟아진다**고 해요. 차곡차곡 쌓아 둔 빈 상자들이 와르르 **쏟아졌어요**.

## 쓰다

호영이는 공책에 자기 이름을 **썼어요**. 준호는 시골에 계시는 할아버지께 자주 편지를 **씁니다**.

## 쓰다

약을 먹으면 **써요**. **쓴**맛이 나는 풀도 있어요. 염소는 **쓴**맛이 나는 풀을 좋아해요.

## 쓰다

모자를 머리에 올려 덮는 것을 모자를 **쓴다**고 해요. 우산을 **썼다면** 우산을 펴서 머리 위로 든 거예요. 안경이나 탈을 얼굴에 거는 것도 **쓴다**고 합니다. ❋

## 쓰다

민지는 종이를 그림 그리는 데 **쓰고** 나는 비행기 접는 데 **썼어요**. 어머니는 과일을 사는 데 돈을 모두 **썼어요**. 장난감이 망가져 못 **쓰게** 되었어요. 더 이상 가지고 놀 수 없어요.

## 쓰러지다

서 있던 것이 기울어져 바닥에 닿는 거예요. 바람이 강하게 불어 벼가 모두 **쓰러졌어요**. 우리 동네에는 **쓰러져** 가는 집이 하나 있어요. 아무도 살지 않는 집이에요.

## 쓰레기

필요 없어서 버리는 물건이에요. 산이나 바다에 놀러 가서 **쓰레기**를 버리면 안 됩니다.

친구와 나는 우산을 함께 **쓰고** 걸었어요.

쏟아지다·· 씻다

### 쓸다
바닥에 있는 것을 긁어 한곳에 모으는 거예요.
윤수는 방을 **쓸고** 동생은 먼지를 닦았어요.

### 씨
호박 **씨**는 호박에서 나왔어요. 그 **씨**를 심으면 다시 호박이 됩니다. 과일 **씨**는 과일 속에 들어 있어요. 곡식과 식물의 **씨**를 씨앗이라고도 합니다.

### 씨름
한국의 전통 운동 경기입니다. **씨름**은 둘이서 힘을 겨루는 거예요. 남을 먼저 넘어지게 하는 사람이 이깁니다.

### 씩씩하다
힘이 있고 기운이 넘치는 거예요. 군인들이 **씩씩하게** 줄을 지어 걸어가요. 한결이는 선생님의 질문에 **씩씩한** 목소리로 대답했어요.

### 씹다
음식을 먹을 때 이로 여러 번 자르는 거예요.
할머니는 밥 먹을 때마다 "꼭꼭 **씹어라**."고 말씀하세요.

### 씻다
더러운 것을 물로 깨끗하게 하는 거예요. 누나가 흐르는 물에 딸기를 **씻었어요**.

재환이가 큰 빗자루로 마당에 떨어진 나뭇잎을 **쓸어요**.

어머니가 동생 발을 **씻어** 주는데 동생이 간지럽다고 해요.

# 이응

# 아기 ‥ 아름답다

## 아기
아주 어린 아이를 **아기**라고 합니다. **아기**는 혼자 밥을 먹을 수 없고 혼자 걷지 못해요.

## 아끼다
무엇을 소중히 생각해 함부로 쓰지 않는 거예요. 동연이는 새 운동화를 **아껴** 신어요. 내가 가장 **아끼는** 장난감은 곰 인형이에요. 아기 때부터 가지고 놀던 장난감이거든요.

## 아들
어머니와 아버지가 남자 아이를 낳으면 **아들**이라고 해요. 아버지는 할머니, 할아버지의 **아들**이에요.

## 아래
어떤 것보다 낮은 곳을 말해요. 산 위에서 **아래**를 보면 동네가 모두 보여요.

## 아름답다
매우 예쁘고 보기에 좋은 거예요. 희주는 꽃을 보고 **아름답다**고 느꼈어요. 웃는 얼굴은 누구나 **아름다워요**. ✱

우진이가 무지개를 보고 **아름답다**고 말했어요.

## 아버지
부모 중 남자를 **아버지**라고 합니다. 할아버지는 **아버지**의 **아버지**예요. 아빠라고도 불러요.

## 아이
나이가 어린 사람이에요. **아이**가 자라서 어른이 됩니다.

## 아이스크림
매우 달고 차가운 얼음 과자입니다. **아이스크림**은 설탕과 우유, 과일 등을 섞어서 얼려 만들어요.

## 아저씨
남자 어른을 부를 때 **아저씨**라고 합니다. 집에 **아저씨**들이 많이 오셨는데 모두 아버지 친구들입니다.

## 아주
**아주** 크다는 것은 다른 것보다 많이 큰 것입니다. 독수리는 **아주** 높은 곳에 집을 지어요. 담이는 노래를 **아주** 잘해서 사람들이 가수라고 불러요. ❈

타조는 **아주** 큰 새예요. 아버지보다 더 커요.

## 아줌마
여자 어른을 부를 때 쓰는 말이에요. 아주머니라고도 해요. 친구들이 우리 어머니를 **아줌마**라고 불러요.

## 아직
무엇이 끝나지 않고 계속될 때 쓰는 말이에요. **아직** 봄이 되지 않아 날씨가 추워요. 아버지가 **아직** 집에 돌아오지 않아서 나는 저녁을 먹지 않고 기다렸어요. 내가 깨우자 형이 말했어요. "**아직** 일어날 시간이 안 됐어. 조금만 더 잘게."

## 아침
하루가 시작되는 때입니다. **아침**이 되면 사람들은 잠에서 깨어나요.

아버지··안

## 아파트
사람들이 모여서 사는 높고 큰 건물이에요. 우리 집과 진우네 집은 같은 **아파트**예요. 우리는 1층, 진우네는 3층에 살아요.

## 아프다
다치거나 병이 나 몸이 불편한 거예요. 수진이는 학교에서 갑자기 배가 **아파서** 집에 일찍 갔어요. 마음이 괴롭거나 슬픈 것을 마음이 **아프다**고 해요.

## 악기
음악을 연주하는 데 쓰는 물건이에요. 피아노, 북, 리코더 등이 **악기**입니다.

## 악어
더운 나라의 강이나 호수에 사는 큰 동물이에요. 땅에서는 짧은 다리로 기어 다니고 물에서는 머리를 내놓고 떠 있어요.

## 안
냉장고 **안**에는 먹을 것이 있어요. 백화점 밖에는 차들이 많고 백화점 **안**에는 사람들이 많아요.

종익이가 텐트 **안**에서 밖을 내다보고 있어요.

### 안개

공기 속의 물방울이 모여 땅 가까이 넓게 퍼져 있는 것이 **안개**입니다. **안개**가 생기는 것을 **안개**가 낀다고 해요. **안개**가 많이 끼면 앞이 잘 안 보여요.

### 안경

눈이 나쁜 사람이 잘 보기 위해 쓰는 물건이에요. 돋보기도 **안경**의 한 종류입니다.

### 안녕

인사로 하는 말입니다. **안녕**은 나쁜 일 없이 편안하다는 뜻이에요. 재호는 선생님께 "**안녕**하세요?" 하고 인사했어요.

### 안다

무엇을 두 팔로 당겨 가슴에 대는 거예요. 효진이는 잠잘 때 인형을 **안고** 자요.

### 안전

주위에 몸을 다치게 할 것이 없으면 **안전**한 거예요. 비가 와서 물이 많아지면 개울을 건너지 말아야 해요. **안전**하지 않아요. 강이나 바다에서 수영할 때는 얕은 물에서 하는 것이 **안전**해요. 산에 갔을 때 천둥과 번개를 만나면 **안전**한 곳으로 얼른 피해야 합니다.

### 앉다

엉덩이를 바닥이나 의자에 대는 거예요. 선생님이 이야기를 시작하자 아이들이 선생님 주위에 모여 **앉았어요**. 날아다니는 동물이 어디에 머무는 것도 **앉는** 거예요. ❋

### 알

어미 새가 **알**을 품으면 **알**에서 새끼가 나와요. 물고기나 곤충, 거북도 **알**을 낳아요. 공룡도 **알**을 낳았어요. 아이 머리만큼 큰 **알**도 있어요.

윤주 머리 위에 나비가 **앉았어요**.

## 알다
무엇에 대해 들고 경험하고 배우면 그것을 **알게** 돼요. 현서는 자기 집 주소를 **알아요**. 누가 물어보면 말할 수 있어요. 지수는 시골에서 자라 곤충 이름을 잘 **알아요**.

## 알리다
모르는 것을 알게 하는 거예요. 신문이나 텔레비전, 라디오는 날마다 새로운 소식을 **알려** 줍니다.

## 알맞다
서로 잘 맞는 거예요. 목욕물 온도가 **알맞다**는 것은 물이 뜨겁지도 차갑지도 않아 목욕하기 좋은 거예요. 오늘은 날씨가 좋아요. 운동하기에 **알맞아요**.

## 알아보다
무엇을 알기 위해 잘 살펴보는 거예요. 나는 지도를 펴 놓고 제주도가 어디에 있는지 **알아보았어요**. 어떤 것을 잘 기억하는 것도 **알아본다**고 해요. 개들은 자기 주인을 잘 **알아봐요**.

## 앞
선생님이 불러서 **앞**으로 나갔어요. 나는 우체국 **앞**에서 형을 기다렸어요. 세발자전거는 **앞**에 바퀴가 하나 있어요. ❊

## 앞서다
남보다 앞에 서는 거예요. 아저씨가 **앞서** 걸어가며 우리에게 등산길을 알려 주셨어요.

## 애완동물
집에서 귀여워하며 기르는 동물입니다. 사람들은 개, 고양이, 새 등을 **애완동물**로 많이 키워요.

## 액체
물처럼 흐르는 것을 **액체**라고 해요. 우유, 주스가 **액체**입니다.

동생은 자동판매기 **앞**을 그냥 지나가지 못해요.

# ㄱㄴㄷㄹㅁㅂㅅㅇㅈㅊㅋㅌㅍㅎ

경아는 일요일에만 컴퓨터 게임을 하겠다고 어머니와 **약속**했어요.

### 앵무새
사람 말을 잘 흉내 내는 새입니다. **앵무새**는 몸 빛깔이 여러 가지입니다. 사람들은 애완동물로 **앵무새**를 길러요.

### 야구
공을 가지고 하는 운동 경기입니다. **야구**는 한 편에 아홉 명씩, 두 편으로 나뉘어 경기합니다. 한 편은 공을 던지고, 다른 한 편은 공을 칩니다.

### 약
**약**은 병을 낫게 하는 데 쓰여요. 먹는 **약**도 있고 바르는 **약**도 있어요. 주사로 맞는 **약**도 있지요. **약**을 지어 주거나 파는 곳을 **약국**이라고 해요.

### 약속
누구와 함께 어떤 일을 하기로 미리 정해 놓는 거예요. 친구와 학교 끝나고 수영장에 가기로 했다면 **약속**을 한 거예요. 나는 동생에게 책을 읽어 주겠다고 **약속**했어요. ❇

### 약하다
힘이 적거나 강하지 못한 거예요. 다리가 **약하면** 잘 달리지 못해요. 자연에서 **약한** 새끼는 살아가기 힘들어요. 강한 새끼들만 살아갈 수 있어요.

### 얄밉다
행동이 바르지 않아서 미운 거예요. 은주는 자기를 놀리고 도망가는 친구가 **얄미웠어요**. 경석이는 말썽만 부리는 동생이 **얄밉기도** 하고 귀엽기도 해요.

### 얇다
두껍지 않은 거예요. 종이가 너무 **얇으면** 찢어져요. 사과 껍질은 바나나 껍질보다 **얇아요**. 바나나 껍질이 더 두꺼워요. **얇은** 책은 두꺼운 책보다 가벼워요. ❇

나는 **얇은** 책을 읽고 누나는 두꺼운 책을 읽어요.

앵무새··얕다

## 얌전
자세나 행동이 조용한 거예요. 세영이는 손님들 앞에서 **얌전**히 앉아 있었어요. 정우는 밥을 흘리지 않고 **얌전**하게 먹어요.

## 양
염소처럼 풀을 뜯어 먹는 동물이에요. **양**은 하얗고 꼬불꼬불한 털로 덮여 있어요. 털과 가죽으로는 옷이나 이불을 만들어요.

## 양말
**양말**은 발에 신어요. **양말**은 발을 보호하고 따뜻하게 해 주어요.

## 양보
자리를 **양보**하는 것은 자기 자리에 남을 앉게 하는 거예요. 현기는 새 인형을 동생이 먼저 가지고 놀도록 **양보**했어요.

## 얕다
바닥까지 거리가 가까운 거예요. 개울물은 강물보다 **얕아요**. 물이 **얕아서** 물에 들어가도 위험하지 않아요.

아이들이 **얕은** 물에서 첨벙첨벙 놀고 있어요.

붓글씨 쓰는 것은 너무 **어려워요**.

내 동생은 아직 **어려서** 내가 돌보아 주어야 해요.

### 어깨
사람 몸의 한 부분입니다. 목에서 팔로 이어지는 부분이에요.

### 어둡다
빛이 없어 밝지 않은 거예요. 밤이 되면 **어두워요**. 어두우면 앞이 잘 보이지 않아요.

### 어렵다
어떤 일을 하기가 힘든 거예요. 경희는 젓가락으로 음식을 집는 것이 **어려워서** 연습을 하고 있어요. 동생은 책에서 **어려운** 글자가 나오면 자기 마음대로 읽어요. ❊

### 어른
다 자란 사람이에요. 나이로는 스무 살이 되면 **어른**이라고 해요.

### 어리다
나이가 적은 거예요. **어린**아이는 혼자 집에 있으면 안 됩니다. 어른과 함께 있어야 해요. 나는 형보다 두 살이 **어려요**. 형은 아홉 살이고 나는 일곱 살이에요. ❊

### 어리석다
똑똑하지 못한 거예요. 다른 나라 옛날이야기 중에서 **어리석은** 개에 대한 이야기가 있어요. 물에 비친 자기 모습을 보고 다른 개인 줄 알고 짖다가 물고 있던 뼈를 놓친 이야기예요.

### 어린이
아이와 같은 말이에요. 유치원이나 초등학교에 다닐 나이의 아이를 **어린이**라고 합니다.

### 어머니
부모 중 여자를 **어머니**라고 합니다. 할머니는 아버지의 **어머니**예요. 엄마라고도 부릅니다.

## 어미
동물이 새끼나 알을 낳으면 그 동물은 **어미**가 됩니다.

## 어울리다
모양이나 색이 서로 잘 맞는 것입니다. 주희는 빨간 모자가 잘 **어울려요**. 서로 친하게 잘 지내는 것도 **어울린다**고 해요.

## 어제
오늘의 하루 전 날이에요. 오늘이 10일이면 **어제**는 9일입니다. **어제**는 비가 내렸는데, 오늘은 하늘이 맑아요.

## 언니
여자가 자기보다 나이 많은 여자 형제를 부를 때 **언니**라고 합니다.

## 언덕
산보다 낮고 들보다 조금 높은 땅이에요. **언덕**은 나무가 많지 않아요.

## 언어
말과 글을 **언어**라고 해요. 한국어와 영어는 서로 다른 **언어**입니다.

## 언제나
어느 때나 바뀌지 않고 똑같을 때 쓰는 말입니다. 우리 집 개는 모르는 사람이 오면 **언제나** 짖어요. 할아버지는 밖에 나갈 때면 **언제나** 모자를 씁니다.

## 얻다
무엇을 받아 가지는 거예요. 성재는 옆집에서 고양이를 **얻어** 기뻤어요. 은주는 친구한테서 **얻은** 꽃씨를 밭에 뿌렸어요.

거위와 오리는 서로 잘 **어울려** 지냅니다.

### 얼굴
머리의 앞부분을 **얼굴**이라고 해요. **얼굴**에는 눈, 코, 입 등이 있어요.

### 얼다
물이 얼음으로 변하는 거예요. 추운 날에는 물이 **얼어요**. 논이 꽁꽁 **얼어** 썰매 타기 좋아요.

현주는 물이 정말 **얼었는지** 보려고 발로 얼음을 두드렸어요.

### 얼룩말
몸에 검은 줄무늬가 있는 말입니다. **얼룩말**은 더운 나라에서 떼를 지어 살아요.

### 얼른
밥을 먹고 **얼른** 일어섰다면 밥을 먹자마자 일어선 거예요. 도연이는 선생님이 부르시자 **얼른** 대답했어요. 온이는 약속 시간에 늦어 **얼른** 달려갔어요.

# 얼굴·· 에너지

### 얼음
물이 얼어서 생긴 차가운 덩어리입니다.

### 엄청나다
생각했던 것보다 아주 많거나 대단한 거예요. 눈이 **엄청나게** 많이 왔어요. 비행기가 **엄청난** 소리를 내며 날아올라요.

### 없다
무엇을 가지고 있지 않은 거예요. 사람은 날개도 **없고** 꼬리도 **없어요**. 달이 **없다면** 밤은 무척 어두울 거예요. 화분이 필요해요. 화분이 **없어서** 씨를 심지 못해요.

뱀은 다리가 **없지만** 빨리 움직여요.

### 없애다
있던 것을 없게 하는 거예요. 학교 담을 **없애자** 이웃 사람들이 모두 좋아해요. 어머니가 옷을 고치면서 주머니를 **없앴어요**. 나쁜 버릇은 빨리 **없애는** 게 좋아요.

### 엉덩이
허리 아래에 있는, 살이 많은 부분입니다.

### 엎드리다
바닥에 배를 대고 눕거나 몸을 앞으로 낮게 구부리는 거예요. 정연이가 방바닥에 **엎드려서** 그림을 그려요.

### 엎지르다
그릇에 있는 물이나 액체를 쏟는 거예요. 지훈이는 물을 **엎지르지** 않으려고 조심조심 걸었어요. 한번 **엎지른** 물은 다시 담을 수 없어요.

### 에너지
무엇을 움직이게 하는 힘이에요. **에너지**는 물이나 불, 빛 등에서 얻어요. 사람이 몸을 움직이는 데도 **에너지**가 필요합니다.

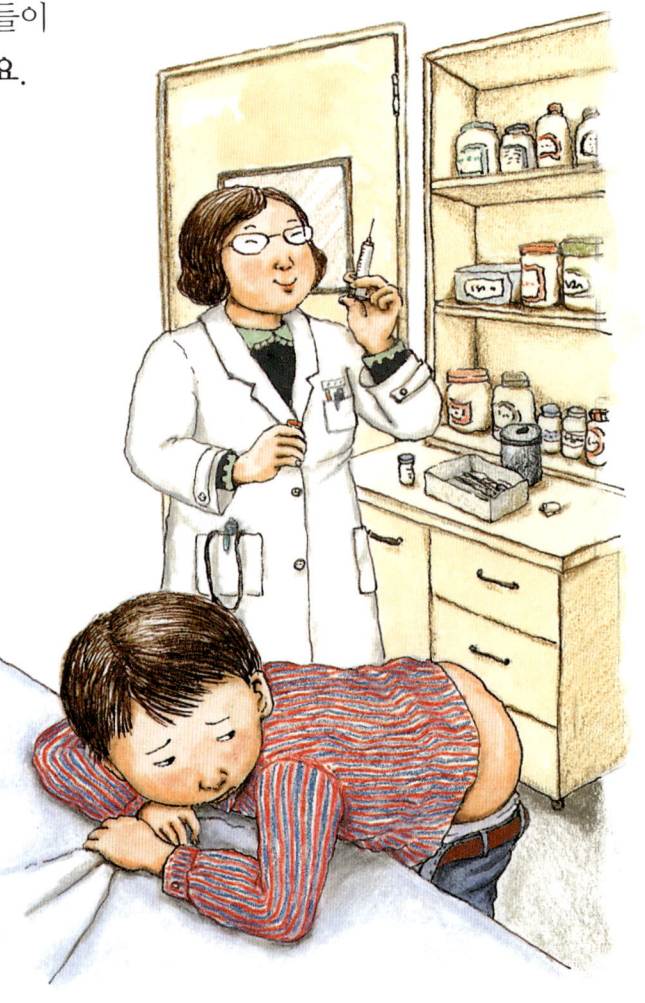

지웅이가 주사를 맞으려고 침대에 **엎드렸어요**.

## 여러
어떤 것이 **여러** 개 있다면 하나보다 많이 있는 거예요. 나는 여자 친구는 한 명이지만 남자 친구는 **여러** 명이에요. 숲에는 **여러** 종류의 나무들이 자랍니다. ❊

## 여름
봄 다음에 오는 계절이에요. **여름**은 덥고 비가 많이 와요.

## 여우
개와 비슷하게 생긴 동물이에요. **여우**는 꼬리가 길고 입이 뾰족해요. 닭과 오리를 잘 잡아먹어요.

## 여자
어머니, 할머니, 언니, 누나는 모두 **여자**예요. 남자가 아닌 사람은 모두 **여자**입니다.

## 여쭈다
어른에게 무엇을 물어볼 때 쓰는 말입니다. 정아는 할머니께 떡을 어떻게 만드는지 **여쭈어** 보았어요. 청소를 끝내고 집에 가도 되냐고 선생님께 **여쭈었더니** 그러라고 하셨어요.

## 여행
집을 떠나서 다른 곳을 구경하러 다니는 거예요. 우리 삼촌은 **여행**하는 것이 취미입니다.

## 연
바람이 불 때 하늘 높이 날리는 장난감이에요. **연**은 얇은 나무에 종이를 붙여서 만들어요. **연**에 실을 묶어서 날리면 하늘로 떠올라요.

## 연구
어떤 것에 대해 깊이 공부하는 것입니다. 우주를 **연구**하는 사람도 있고 컴퓨터를 **연구**하는 사람도 있어요.

돼지가 새끼를 **여러** 마리 낳았어요.

여러‥연습

## 연극
어떤 이야기를 말과 몸짓으로 사람들에게 보여 주는 거예요. **연극**을 하는 사람을 배우라고 해요. 소은이는 학교에서 같은 반 아이들과 **연극**을 했어요.

〈별주부전〉 **연극**에서 한솔이는 토끼가 되었어요.

## 연기
무엇을 태우면 **연기**가 나요. **연기**는 가벼워서 하늘로 올라갑니다. **연기**는 안 좋은 냄새가 납니다.

## 연못
물이 흐르지 않고 모여 있는 곳입니다. 우리 동네 공원의 **연못**에는 물고기와 개구리가 살아요.

## 연습
무엇을 잘하기 위해 같은 일을 여러 번 하는 거예요. 선미는 태권도를 아주 잘해요. **연습**을 많이 했거든요. 내 동생은 아침, 저녁으로 줄넘기 **연습**을 합니다.

정연이가 리코더 **연습**을 합니다.

### 연주
악기로 소리를 내서 음악을 들려주는 거예요. 현서는 사람들 앞에서 피아노 **연주**를 했어요.

### 연필
글씨를 쓰거나 그림을 그릴 때 쓰는 물건이에요. 색**연필**은 색이 있는 **연필**입니다.

### 열
뜨거운 기운입니다. 몸에 **열**이 있다면 몸이 뜨거운 거예요. 물이나 몸이 점점 뜨거워지는 것을 **열**이 올라간다고 해요.

### 열다
문을 **열면** 들어오거나 나갈 수 있어요. 공부를 하고 있는데 동생이 문을 **열고** 들어왔어요. 창문을 **열어** 놓았더니 나비가 들어왔어요.

재희는 할아버지가 주신 선물 상자를 **열었어요**.

연주··영어

## 열리다
열매가 생기는 것을 말해요. 가을이 되면 우리 집 사과나무에 빨간 사과가 **열려요**.

## 열매
씨앗을 품고 있는 식물의 한 부분이에요. **열매**는 꽃이 지고 난 자리에 생겨요. **열매**는 먹을 수 있는 것과 먹을 수 없는 것이 있어요. 딸기나 바나나는 먹을 수 있는 **열매**입니다.

포도 덩굴에 포도가 주렁주렁 **열렸어요**.

## 열쇠
문을 잠그거나 열 때 쓰는 물건이에요. **열쇠**를 잃어버리면 문을 열 수 없어요.

## 열심히
어떤 일을 정성껏 할 때 쓰는 말이에요. 정원이는 할머니를 도와서 밭의 풀을 **열심히** 뽑았어요.

## 염소
소보다 작은 동물로 '매매' 하는 소리를 내요. **염소**는 풀이나 나뭇잎을 잘 먹어요. 털 빛깔은 검어요.

## 영어
세계에서 가장 많은 나라가 쓰는 언어입니다. '**영어**'를 영어로 쓰면 'English'예요. 'apple'은 무슨 뜻일까요?

**공부할 때는 열심히**

공부할 때는 열심히
청소할 때는 부지런히
밥 먹을 때는 맛있게
착한 어린이.

친구와 놀 때는 신 나게
학교에 갈 때는 씩씩하게
말할 때는 똑똑하게
착한 어린이.

인사할 때는 명랑하게
세수할 때는 깨끗이
잠잘 때는 쿨쿨
착한 어린이.

### 영화
움직이는 것을 사진으로 찍어 만든 작품입니다. 무서운 **영화**도 있고 슬픈 **영화**도 있어요.

### 옆
무엇의 오른쪽이나 왼쪽입니다. 새끼 코끼리가 어미 코끼리 **옆**에서 걷고 있어요. 진희 **옆**에 앉은 친구는 안경을 썼어요.

### 예방
나쁜 일이 생기는 것을 미리 막는 거예요. 신호등을 잘 지키면 자동차 사고를 **예방**할 수 있어요. 정원이는 병원에서 **예방** 주사를 맞았어요.

### 예쁘다
모양이나 행동이 보기 좋은 거예요. 내 동생은 작은 입으로 밥을 **예쁘게** 먹어요. ❄

### 예술
생각이나 느낌을 작품으로 표현하는 일입니다. 음악, 미술, 무용이 모두 **예술**이에요. **예술**을 하는 사람을 **예술가**라고 합니다.

### 예의
남을 배려하는 말이나 행동이에요. **예의** 있는 행동은 다른 사람을 기분 좋게 합니다. 유라는 **예의** 바른 아이입니다. 어른이 무엇을 주면 두 손으로 받아요.

### 옛날
오래전에 지나간 시간을 **옛날**이라고 해요. **옛날**이야기는 "**옛날 옛날에**……" 하고 시작합니다.

### 오늘
지금 보내고 있는 이 날이에요.

어머니가 주희 머리에 **예쁜** 리본을 달아 줍니다.

## 영화‥오른쪽

## 오다

무엇이 자기가 있는 쪽으로 움직이는 것입니다. 학교 전시회에 사람들이 많이 **왔어요**. 여름이 가면 가을이 **와요**. **오다**는 '달려**오다**', '쫓아**오다**'처럼 다른 낱말에 붙여서 쓰기도 해요.

## 오래

시간이 많이 지나갔을 때 쓰는 말입니다. **오래**전에 생긴 일이라면 그 일이 일어나고 시간이 많이 지난 거예요. 의자에 **오래** 앉아 있었더니 엉덩이가 아파요.

## 오르다

낮은 곳에서 높은 곳으로 가는 거예요. 산에 **오르면** 기분이 좋아요. 고양이가 나무에 **올라** 주위를 살핍니다.

## 오른쪽

방향을 가리키는 말입니다. 버스를 타서 앞을 보고 서면 **오른쪽**에 문이 있어요. **오른쪽**에 있는 손이 오른손이에요.

할머니는 **오래**된 재봉틀을 지금도 쓰고 있어요.

그림에서 새끼 하마는 **오른쪽**에 있어요.

### 오리
'꽥꽥' 소리를 내며 뒤뚱뒤뚱 걷는 새입니다. **오리**는 물에서도 살고 물 밖에서도 살아요.

### 오리다
종이나 헝겊을 어떤 모양으로 자르는 거예요. 언니는 신문에서 흥미 있는 글을 발견하면 가위로 **오려** 둡니다.

### 오빠
여자가 자기보다 나이 많은 남자 형제를 부를 때 **오빠**라고 합니다. 은주는 **오빠**도 없고 언니도 없어서 외로워요.

### 오염
물이나 공기, 흙 등이 더러워지는 거예요. 강이 **오염**되면 물고기가 살 수 없습니다. 자동차에서 나오는 연기는 공기를 **오염**시켜요.

지혜가 가면을 만들기 위해 종이를 **오립니다**.

### 오이
가늘고 긴 채소예요. **오이**는 속에 물이 많아서 먹으면 시원합니다. 껍질이 거칠어서 벗겨 먹기도 해요.

### 오전
밤 12시부터 낮 12시 사이를 말해요. 아침밥은 **오전**에 먹어요. 승민이는 날마다 **오전** 8시에 일어나요.

### 오후
낮 12시부터 밤 12시 사이를 말해요. 오전에는 날씨가 좋았는데 **오후**에는 바람이 불고 추워요.

### 온도
온도를 알면 얼마나 뜨겁고 차가운지 알 수 있어요. 물의 **온도**가 높으면 뜨거워요. **온도**가 100도까지 올라가면 물이 끓어요. **온도**가 0도 아래로 내려가면 물이 얼어요.

# 오리 ‥ 올리다

## 올라가다
아래에서 위로 가는 거예요. 학교 도서관은 2층에 있어요. 도서관에 가려면 계단으로 **올라가야** 해요. 다람쥐가 나무를 타고 **올라가더니** 보이지 않아요.

## 올라오다
무엇이 아래에서 위로 오는 거예요. 동생이 책상 위에 서서 "이리 **올라와**! 여기서 놀자." 하고 내게 말했어요. 우리 가족은 벌써 산에 **올라왔는데**, 소영이네 가족은 아직 **올라오지** 못했어요.

## 올려놓다
어떤 것을 무엇 위에 놓는 것입니다. 동희는 어머니 생일 선물을 식탁 위에 슬그머니 **올려놓았어요**. 형이 학교 가방을 신발장 위에 **올려놓고** 놀러 나갔어요.

거미가 줄을 타고 **올라갑니다**.

## 올리다
무엇을 낮은 곳에서 높은 곳으로 옮기는 것입니다. 삼촌이 낚시로 커다란 물고기를 잡아 **올렸어요**. 아버지가 아기를 들어서 위로 번쩍 **올리자** 아기가 깔깔 웃어요.

정민이가 손바닥에 장수풍뎅이를 **올려놓고** 친구들에게 보여 줍니다.

# ㄱㄴㄷㄹㅁㅂㅅㅇㅈㅊㅋㅌㅍㅎ

## 옮기다
무엇을 다른 곳으로 가져다 놓는 거예요. 큰 바위는 무거워서 **옮기기** 힘들어요. 민지는 꽃을 마당에다 **옮겨** 심었어요.

## 옳다
어떤 행동이나 생각에 잘못이 없는 거예요. 자기보다 약한 사람을 놀리는 것은 **옳은** 일이 아니에요.

## 옷
몸을 가리거나 보호하기 위해 입는 물건입니다. 치마, 바지 등이 모두 **옷**이에요.

비버가 댐을 **완성**했어요. 이제 집을 지을 차례예요.

## 완성
하던 일을 끝까지 하는 것입니다. 나는 그림을 **완성**해서 어머니에게 보여 드렸어요. 아버지가 특별 요리를 **완성**하자 모두 손뼉을 치며 좋아했어요. ❈

## 외계인
우주에서 지구가 아닌 다른 곳에 사는 생물을 말해요. 영화에서는 **외계인**이 곤충이나 사람 모양으로 나와요.

## 외국
자기 나라가 아닌 다른 나라를 말할 때 **외국**이라고 해요. 윤수의 친구 피터는 **외국** 아이예요.

## 외롭다
혼자 있어서 심심할 때 **외롭다**고 해요. 진주는 다른 동네로 이사 갔을 때 친구가 없어서 **외로웠어요**. 나는 몸이 아파 병원에 혼자 있을 때 **외로웠어요**.

## 외치다
크게 소리치는 거예요. 승연이가 나에게 "잘 가!" 하고 **외치며** 손을 흔들었어요. 사람들이 축구 경기를 보면서 "이겨라, 이겨라!" 하고 **외쳤어요**.

신호등의 화살표 표시는 **왼쪽**으로 가라는 뜻이에요.

## 왼쪽
방향을 가리키는 말이에요. **왼쪽**에 있는 손이 왼손입니다. **왼쪽**의 반대편은 오른쪽이에요.

## 요리
특별하게 만든 음식입니다. 내 생일에 어머니는 내가 좋아하는 **요리**를 했어요. 음식을 만드는 일도 **요리**라고 해요.

## 요일
일주일에는 일곱 개의 **요일**이 있어요. 월**요일**, 화**요일**, 수**요일**, 목**요일**, 금**요일**, 토**요일**, 일**요일**입니다. 오늘은 무슨 **요일**일까요?

## 욕심
무엇을 더 하고 싶거나 가지고 싶은 마음이에요. 동생은 먹는 것에 **욕심**이 많아서 언제나 더 먹으려고 합니다.

## 용
상상 속의 동물이에요. **용**은 몸이 길고 발이 네 개 있어요.

희철이는 장난감 차만 보면 **욕심**을 내요. 남의 것까지 가지려고 해요.

공을 차다가 옆집 화분을 쓰러뜨렸는데 할아버지께서 **용서**해 주셨어요.

## 용감하다
겁이 없고 씩씩한 거예요. 소방관 아저씨가 불이 난 집으로 **용감하게** 뛰어들어서 아이를 구했어요.

## 용기
어떤 일을 할 때 두려워하지 않는 거예요. 철민이는 **용기**를 내서 선생님께 잘못을 빌었어요. 유라는 계곡 물이 너무 차가워서 물에 들어갈 **용기**가 나지 않았어요.

## 용돈
자기 혼자 쓰는 돈이에요. 아이들은 부모나 어른한테 **용돈**을 받아요. 세배를 하고 받는 **용돈**을 세뱃돈이라고 해요.

## 용서
남이 잘못을 했을 때 괜찮다고 하는 것입니다. 아버지는 거짓말을 한 언니를 **용서**했어요. 나는 약속을 지키지 않은 친구를 **용서**했어요.

## 우리
자기와 자기 쪽 사람들을 함께 말할 때 **우리**라고 해요. **우리** 집은 나의 집이면서 **우리** 가족의 집이에요.

## 우박
하늘에서 떨어지는 작은 얼음 덩어리입니다. **우박**을 맞으면 아파요. 큰 **우박**은 유리창을 깨뜨리기도 해요.

## 우산
비가 올 때 비를 맞지 않기 위해 쓰는 물건이에요. 내 **우산**은 무지개 빛깔이어서 **우산**을 펴면 무지개가 뜬 것 같아요.

## 우유
소에서 얻는 하얀 액체입니다. **우유**는 몸에 좋은 음식이에요. 승하는 바나나 맛이 나는 **우유**를 좋아해요.

용감하다‥운동

## 우주
하늘 전체가 **우주**입니다. **우주**는 끝을 알 수 없을 만큼 넓은 곳이에요. 해와 달, 별, 지구는 **우주**에 떠 있어요.

## 우주선
우주에서 날 수 있도록 만든 기계입니다. 달에 가려면 **우주선**을 타야 해요.

## 우체국
먼 곳으로 편지나 짐을 보내려면 **우체국**에 가야 합니다. **우체국**에서 편지를 전해 주는 사람을 우체부라고 해요.

## 우표
편지나 짐을 보낼 때 겉에 붙이는 작은 종이 조각이에요. **우표**에는 여러 가지 그림이 그려져 있어요.

## 운동
건강을 위해 몸을 움직이는 것입니다. 뛰거나 걷는 것도 **운동**이에요. **운동**을 하면 몸이 튼튼해져요.

우리 동네 약수터에는 **운동**하는 사람들이 많아요.

### 운동장
운동을 하거나 뛰어놀 수 있도록 만든 넓은 마당입니다. 학교에는 모두 **운동장**이 있어요. 사람들을 모아 놓고 축구와 야구 등의 경기를 하는 큰 **운동장**도 있어요.

### 운동화
운동할 때 신는 신발입니다. **운동화**는 구두보다 가볍고 활동하기 편해요.

### 운동회
여럿이 모여 놀이나 운동 경기를 하는 거예요. 학교에서 **운동회**를 하는데 가족들이 모두 왔어요. 건우는 봄 **운동회**에서 씨름을 했어요.

### 운전
자동차나 버스 등을 움직여 나아가게 하는 거예요. **운전**을 직업으로 하는 사람을 **운전**사라고 해요.

### 울다
슬프거나 기쁠 때 눈물을 흘리는 거예요. 엉엉 소리 내서 **울기도** 해요. 민지는 넘어져서 다리가 아팠지만 **울지** 않았어요. 동물이 소리를 내는 것도 **운다**고 해요.

### 울리다
어떤 소리가 나거나 들리는 거예요. 동굴 속에서는 목소리가 크게 **울립니다**. 남을 울게 하는 것도 **울리는** 거예요. 내가 장난감을 뺏자 동생이 울었어요. 동생을 **울린** 거예요.

### 움직이다
몸이나 어떤 것이 멈추어 있지 않는 거예요. 민수는 물에서 팔다리를 계속 **움직였어요**. 그러면서 조금씩 앞으로 나아갔어요. 새끼 오리가 날아오르려고 날개를 **움직여요**. 신호등이 바뀌자 차들이 천천히 **움직였어요**.

나무늘보는 거의 **움직이지** 않아요.

**동물은 어떻게 움직일까요?**

토끼는 깡충깡충 움직여요.
새는 푸드덕 날아올라요.
개구리는 팔짝팔짝 뛰어요.
오리는 뒤뚱뒤뚱 걸어요.
말은 때각때각 달려요.
소는 어슬렁어슬렁 움직여요.
나무늘보는 거의 움직이지 않아요.

# 운동장··위로

## 웃다
사람들은 기쁘거나 즐거울 때 **웃어요**. 큰 소리를 내며 **웃기도** 해요. 내가 재미있는 이야기를 하자 아이들이 배꼽을 잡고 **웃었어요**.

## 원래
어떤 것의 처음이거나 변하기 전을 말해요. 지금 동생이 신은 신발은 **원래** 내 것이었어요. 고래는 **원래** 땅에서 살던 동물이에요. 그런데 지금은 바다에서 살아요.

## 원숭이
나무에 잘 오르는 동물이에요. **원숭이**는 사람 흉내를 잘 내고 두 발로 걷기도 해요. 장난치는 것을 아주 좋아해요.

## 위
높은 곳을 말해요. 사람의 몸에서 머리는 **위**에 있어요. 다리 **위**에는 차들이 다녀요. 다리 아래는 물이 흐릅니다.

## 위로
말과 행동으로 남의 마음을 편안하게 해 주는 거예요. 할아버지는 강아지를 잃고 슬퍼하는 나를 **위로**했어요.

아버지가 웃자 아기도 따라 **웃어요**.

내가 아플 때 친구들이 찾아와 나를 **위로**해 주었어요.

ㄱㄴㄷㄹㅁㅂㅅㅇㅈㅊㅋㅌㅍㅎ

## 위하다
누구를 돕거나 이롭게 하는 거예요. 지연이는 동생을 **위해** 아이스크림을 남겨 놓았어요. 어떤 일을 하려고 할 때도 **위하다**라는 말을 씁니다. 아이들이 야구를 하기 **위해** 운동장에 남았어요.

## 위험
안전하지 않은 것입니다. 칼이나 바늘은 다칠 **위험**이 있으니 조심해서 써야 해요.

**위험**한 곳에서 놀면 안 돼요. 잘못하면 다칠 수 있어요.

## 유리
창문에 **유리**를 달면 밖이 보여요. **유리**는 단단하지만 깨지기 쉬워요. **유리**로 안경이나 그릇을 만들어요.

## 유명
이름이 많이 알려진 거예요. 훌륭한 일을 하거나 인기가 좋으면 **유명**해져요. 석주명은 나비로 **유명**한 과학자입니다.

## 유치원
어린아이들이 학교에 들어가기 전에 다니는 곳이에요.

위하다 ·· 이기다

## 은행
사람들은 **은행**에 돈을 저금하고 필요할 때 찾아 씁니다. 돈을 빌릴 때도 **은행**에 가요. **은행**에 가면 통장을 만들어 주는데, 통장은 저금한 돈이 얼마인지를 기록한 공책이에요.

## 음식
사람이 먹고 마시는 것이 **음식**입니다. 밥, 국, 김치 등이 **음식**이에요.

## 음식점
음식을 만들어 파는 집이에요. 은비네 가족은 가끔 **음식점**에서 저녁을 먹어요.

## 음악
목소리나 악기로 아름다운 소리를 만들어 내는 예술입니다. 내 동생은 신 나는 **음악**이 나오면 춤을 춰요.

## 의사
다치거나 병든 사람을 치료하는 사람입니다. **의사**는 병원에서 일을 해요.

## 의자
사람이 앉을 수 있도록 만든 가구입니다. 교실에는 **의자**가 많아요.

## 이
입 안에 있는 희고 단단한 부분입니다. **이**로 음식이나 먹이를 씹어서 먹어요.

## 이기다
운동 경기나 놀이에서 다른 편보다 잘한 거예요. 승철이는 달리기 경주에서 현주를 **이겼어요**.

이겨라 져라 닭싸움

이겨라 져라 닭싸움
져라 이겨라 닭싸움

한 번 더 덤벼라 닭싸움
또 지면 업어 주기다 닭싸움.

나는 지훈이와 닭싸움을 해서 **이겼어요**.

## 이끌다
뒤에서 자기를 따라오도록 앞서는 거예요. 선생님이 아이들을 **이끌고** 박물관에 갔어요.

## 이롭다
무엇을 좋게 하는 거예요. 운동은 건강에 **이로워요**. 소는 사람에게 **이로운** 동물이에요. 농사일을 돕고 사람에게 고기를 주어요.

## 이루다
무엇을 만들거나 되게 하는 거예요. 동연이는 생일 선물로 자전거를 받고 싶었는데 정말 받았어요. 꿈을 **이룬** 거예요. ✲

## 이루어지다
바라던 것이 그대로 된 것을 말해요. 비행기를 타고 싶은 꿈이 **이루어져** 우진이는 정말 기뻤어요. 무엇이 생기거나 만들어졌을 때도 **이루어졌다**고 합니다.

## 이름
무엇을 서로 구별하기 위해 **이름**을 붙여요. 사람은 누구나 **이름**이 있어요. 김아영, 이준우, 정윤교 등이 **이름**이에요. 동물이나 식물, 나라도 **이름**이 있어요.

## 이모
어머니의 언니나 여동생이에요.

## 이불
잠잘 때 몸을 덮는 물건입니다. 추울 때 **이불**을 덮으면 따뜻해요. 여름에는 얇은 **이불**을 덮어요.

## 이사
집을 다른 곳으로 옮기는 거예요. 우리 가족은 바다가 보이는 작은 마을로 **이사했어요**.

오빠는 야구 선수가 되고 싶은 꿈을 **이루었어요**.

# 이끌다 · · 이유

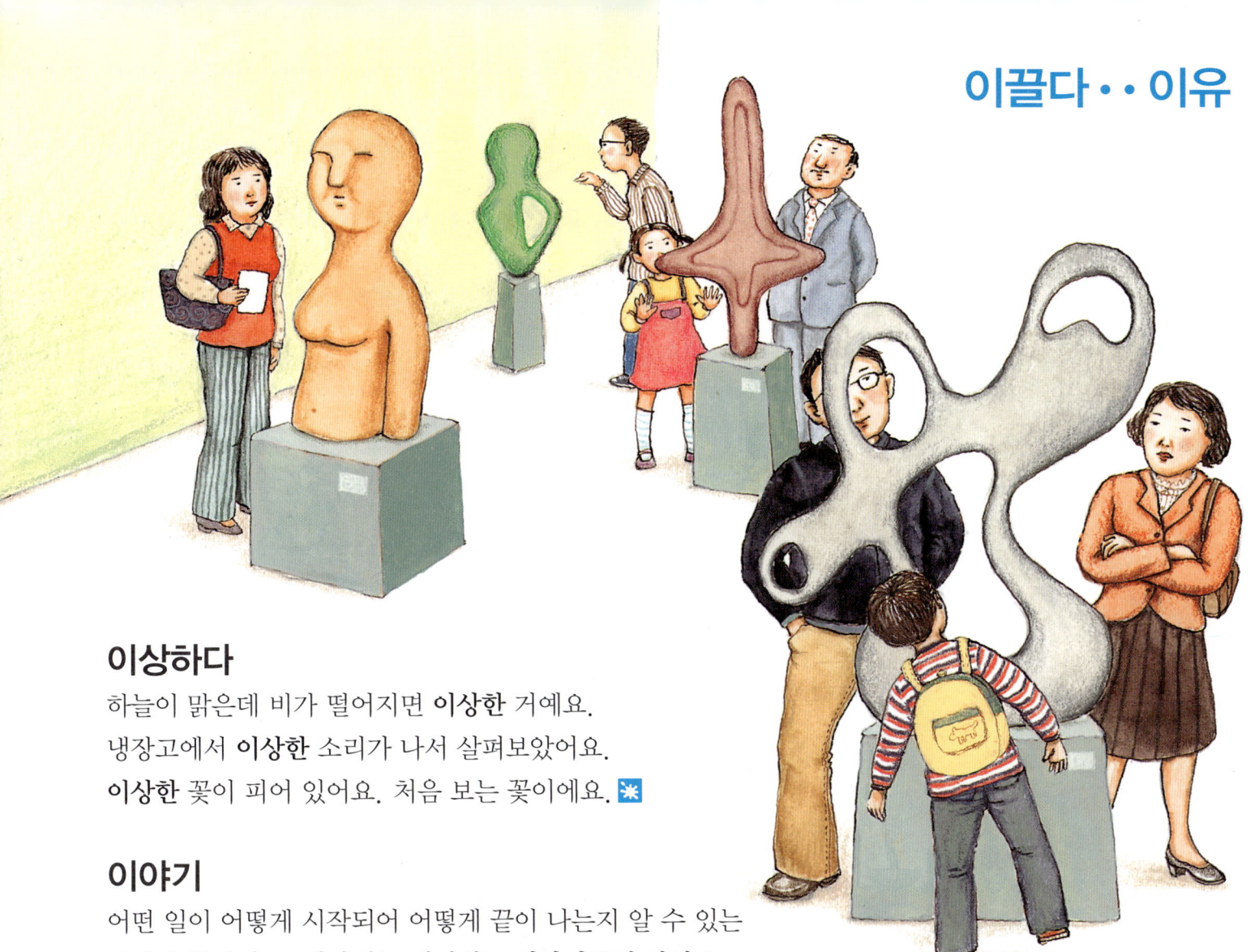

민호는 **이상한** 조각품을 보고 있어요.
무엇을 표현했는지 알 수 없어요.

## 이상하다
하늘이 맑은데 비가 떨어지면 **이상한** 거예요.
냉장고에서 **이상한** 소리가 나서 살펴보았어요.
**이상한** 꽃이 피어 있어요. 처음 보는 꽃이에요.

## 이야기
어떤 일이 어떻게 시작되어 어떻게 끝이 나는지 알 수 있는
말이나 글이에요. 세상에는 재미있는 **이야기**들이 많아요.
사람들이 서로 주고받는 말도 **이야기**라고 합니다.

## 이어지다
끊이지 않고 계속되는 거예요. 기찻길이 길게 **이어져** 있어요.
할머니의 옛날이야기는 내가 잠들 때까지 **이어졌어요**.

## 이웃
가까이 있는 집이나 사람들을 **이웃**이라고 합니다.
**이웃**사촌이라는 말은 **이웃**끼리 친하게 지낸다는 뜻이에요.

## 이유
**이유**를 알면 그 일이 왜 일어났는지 알 수 있어요. 토끼가
겨울에 마을로 내려오는 **이유**는 산에 먹을 것이 부족하기
때문입니다. 나는 동생이 우는 **이유**를 알아요. 내 장난감을
가지고 싶어서예요.

### 옛날 옛적 이야기

옛날 옛적에
그래서?
호랑이 담배 피우던 시절에
그래서?
토끼가 달나라에서 방아 찧던 시절에
그래서?
호랑이하고 토끼하고
신랑 각시 하고서
알콩달콩 살았대.
그래서?

## 이해

어떤 것의 뜻을 깨달아 알게 되는 거예요. 영석이는 선생님의 질문을 **이해**했어요. 하지만 **이해**하지 못하는 아이들도 있어요. 정아는 친구가 왜 화를 냈는지 **이해**할 수 없었어요.

고구마가 잘 **익었어요**. 맛있어요.

## 익다

열매가 자란 거예요. 가을이 되면 벼가 노랗게 **익어요**. 음식이 먹기 좋게 되는 것도 **익는다**고 해요. 불에 올려놓은 음식이 다 **익었어요**. 김치가 알맞게 **익어서** 맛이 좋아요.

## 인구

어떤 곳에 살고 있는 사람의 수입니다. 우리 동네 **인구**는 얼마일까요? 한국의 **인구**는 4,800만 명이 넘어요.

## 인기

많은 사람들이 관심을 가지고 좋아하는 거예요. 승환이는 운동을 잘해서 아이들한테 **인기**가 많아요.

# 이해 ‥ 일어나다

## 인내심
참고 견디는 마음입니다. 힘들거나 지루한 일을 하는 데는 **인내심**이 필요해요. 우리 누나는 **인내심**이 많아요. 그림을 완성하기 위해 세 시간 동안 앉아 있었어요.

## 인사
아는 사람을 만나거나 헤어질 때 하는 행동이에요. 손을 흔들거나 고개를 구부려 **인사**를 합니다. **인사**할 때 사람들은 "안녕하세요?" "잘 가!" "안녕히 계세요!"라고 말해요.

## 인터넷
컴퓨터로 소식이나 이야기를 주고받는 거예요. 사람들은 **인터넷**으로 아주 멀리 떨어진 곳에서 일어난 일도 알 수 있어요.

## 인형
사람이나 동물 모양과 비슷하게 만든 장난감이에요.

## 일
돈이나 어떤 것을 얻기 위해 몸과 마음을 쓰는 거예요. 은재 어머니는 은행에서 **일**을 하고 우리 아버지는 학교에서 **일**을 합니다. 어른이 되면 누구나 **일**을 해요. 학생들이 하는 **일**은 공부하는 거예요.

## 일기
하루에 일어난 일과 느낌을 써 놓은 글입니다. **일기**장은 **일기**를 쓰는 공책이에요. 민지는 잠자기 전에 **일기**를 써요.

## 일어나다
몸을 바로 세우는 거예요. 선생님이 부르시자 해수는 자리에서 **일어났어요**. 나는 아침 일찍 **일어나서** 아버지와 운동을 해요. 어떤 일이 생기는 것도 **일어난다**고 해요. 산불이 **일어나서** 나무가 많이 탔어요.

나라마다 **인사** 법이 달라요. 뉴질랜드의 마오리족은 서로 코를 비비며 **인사**해요.

곰이 열매를 따기 위해 **일어섰어요**.

### 일어서다
앉았다가 서는 거예요. 내 아기 동생은 아직 혼자 **일어서지** 못해요. 더 커야 해요. 나는 **일어서서** 선생님께 질문을 했어요. 말은 태어나자마자 **일어서요**. ❋

### 일으키다
일어나게 하는 것입니다. 준호는 넘어진 아기를 **일으켰어요**. 어떤 일을 만들어 내는 것도 **일으킨다**고 해요. 태풍이 큰 파도를 **일으켰어요**.

### 일찍
어떤 일을 늦지 않은 때에 할 때 쓰는 말이에요. 나는 다른 아이들보다 **일찍** 자고 **일찍** 일어나요. 어떤 때가 빨리 오는 것도 **일찍** 왔다고 해요. 이번 겨울에는 첫눈이 **일찍** 내렸어요.

# 일어서다 ‥ 잎

## 읽다
글을 보고 그 뜻을 이해하는 거예요. 내 동생은 가게 이름을 **읽을** 줄 알아요. 현주는 책을 소리 내어 **읽었어요**. 소리를 내지 않고 머릿속으로도 **읽을** 수 있어요.

## 잃다
무엇을 어디에 떨어뜨리거나 놓아두고 다시 찾지 못하는 거예요. 희수는 어린이집에서 신발 한 짝을 **잃었어요**. 병아리 한 마리가 어미 닭을 **잃고** '삐악삐악' 울어요.

## 입
음식을 먹거나 말을 할 때 **입**을 써요. **입**은 코 밑에 있어요. **입**에는 윗입술, 아랫입술이 있어요.

## 입다
옷은 몸을 보호하기 위해 **입어요**. 옷을 바꿔 **입는** 것을 갈아**입는다**고 해요. 동호는 목욕을 하고 나서 벗었던 옷을 다시 **입었어요**. ❄

## 있다
정우는 지금 병원에 **있어요**. 눈이 아파서 왔어요. 나는 동생이 **있어요**. 이름은 초롱이에요. 어머니가 지금 전화를 받고 **있어요**.

## 잊다
무엇을 기억하지 못하는 거예요. 나는 친구와 만나기로 한 약속을 깜빡 **잊었어요**. 혜리는 어머니가 사 오라고 한 것을 **잊고** 있다가 집에 다 와서 기억이 났어요. ❄

## 잎
식물의 한 부분이에요. 줄기나 가지에 붙어 있어요. 식물은 **잎**으로 숨을 쉬어요.

기윤이가 학교에 가려고 옷을 **입어요**.

재용이는 숟가락을 **잊고** 안 가져왔어요.

# 지읒

# 자기 ‥ 자르다

### 자기
한 번 말한 사람을 다시 가리킬 때 쓰는 말이에요. 형은 **자기** 물건을 만지지 못하게 해요. 윤희와 재은이는 나만 빼고 **자기**들끼리만 수영장에 갔어요.

### 자꾸
어떤 행동이나 일을 여러 번 계속할 때 쓰는 말이에요. 정원이가 졸린지 **자꾸** 하품을 해요. 동생이 **자꾸** 놀러 나가자고 해서 함께 놀이터에 갔어요.

### 자다
눈을 감고 몸과 마음을 쉬게 하는 거예요. 사람들은 밤에 잠을 **자요**. 나는 밤 10시면 불을 끄고 잠을 **잡니다**. 하지만 형은 늦게 잠을 **자요**. ❈

### 자동차
차의 한 종류입니다. 버스, 택시, 구급차 등이 **자동차**입니다. 우리 집 **자동차**는 흰색이에요.

### 자라다
생물이 점점 커지거나 나이를 먹는 거예요. 작은 나무가 **자라** 큰 나무가 되었어요. 주영이는 벌써 누나만큼 키가 **자랐어요**.

### 자랑
자기 것이 매우 좋다고 남에게 말하는 거예요. 정우가 선물로 받은 자전거를 **자랑**하자 아이들이 부러워했어요. 할머니는 내가 학교에서 상 받은 것을 옆집 할머니께 **자랑**했어요.

### 자르다
무엇을 조각으로 만드는 거예요. 친구와 나는 못 쓰는 헝겊을 **잘라** 인형 옷을 만들었어요. ❈

코알라는 잠을 많이 **잡니다**.

다겸이는 미장원에서 긴 머리를 짧게 **자릅니다**.

현서는 극장에서 빈 **자리**를 찾았어요.

## 자리
무엇이 놓여 있는 곳입니다. 음식점이 있던 **자리**에 은행이 생겼어요. 버스에 사람이 많아서 앉을 **자리**가 없어요.

## 자세
앉은 **자세**는 앉아 있는 모양을 말해요. 걷는 **자세**는 걸어가는 모양이에요. 책을 볼 때는 바른 **자세**로 앉아야 해요.

## 자세하다
아주 작은 것도 빼놓지 않는 거예요. 어머니는 나에게 학교에서 집까지 오는 길을 **자세하게** 알려 주었어요.

## 자신
자기가 어떤 일을 할 수 있다고 믿는 거예요. 정민이는 사람들 앞에서 떨지 않고 노래할 **자신**이 있어요.

# 자리 •• 작품

### 자연
세상에 처음부터 있던 것입니다. **자연**은 사람이 만든 것이 아니에요. 산, 강, 바다, 동물, 식물 등이 **자연**이에요.

### 자연스럽다
꾸미지 않은 거예요. 나와 건우는 함께 어울리다 보니 **자연스럽게** 친구가 되었어요.

### 자유
하고 싶은 대로 하는 게 **자유**예요. **자유**에는 책임이 따라요.

### 자유롭다
하고 싶은 대로 할 수 있는 거예요. 감옥에 갇히면 **자유롭지** 못해요. 마음대로 나갈 수 없어요.

### 자전거
사람이 타고 다니는 기계예요. **자전거**는 발을 움직여 바퀴를 굴려요. **자전거**를 타는 것은 다리 운동에 좋아요.

### 자주
같은 일이 여러 번 일어날 때 쓰는 말이에요. 여름에는 비가 **자주** 내립니다. 인규는 동물을 좋아해서 동물원에 **자주** 가요.

### 작가
글을 쓰거나 그림을 그리는 사람입니다.

### 작다
쥐는 고양이보다 **작아요**. 부모님 방은 크지만 내 방은 **작아요**.

### 작품
정성껏 만들어 완성한 물건입니다. 글과 그림, 사진이나 음악은 예술 **작품**입니다.

### 자유

자유는 편안해요.
풀밭에 누워 있는 기분이에요.

자유는 부드러워요.
고양이 털을 쓰다듬는 느낌이에요.

자유는 가벼워요. 무겁지 않아요.
새의 깃털 같아요.

자유는 향기로워요.
꽃보다 더 향기로워요.

자유는 내 손에 있어야 자유예요.
날아가면 자유가 아니에요.

내 손은 아버지 손보다 **작아요**.

### 잔치
여러 사람이 모여 음식을 먹으며 즐겁게 노는 거예요.
할머니의 생일 **잔치**에 친척들이 많이 왔어요.

해달은 조개를 아주 **잘** 깨요.

### 잘
글씨를 **잘** 쓴다면 글씨를 바르고 옳게 쓰는 거예요. 과일이 **잘** 익었다면 먹기 알맞게 익은 거예요. 상우는 **잘** 먹고 **잘** 자서 건강합니다. ❄

### 잘못
바르지 않거나 잘하지 못하는 거예요. 앞을 안 보고 달리다 넘어졌어요. 내 **잘못**이에요. 아기가 신발을 **잘못** 신었어요. 다시 신어야 해요. 전화를 **잘못** 걸었어요. 아버지에게 걸려고 했는데 어머니에게 걸었어요. ❄

### 잘하다
어떤 일을 바르고 훌륭하게 하는 거예요. 지윤이는 동네 아이들 중에서 축구를 가장 **잘해요**. 어떤 행동을 자주 할 때도 **잘한다**고 해요. 동생은 울기도 **잘하고** 웃기도 **잘해요**.

은수가 단추를 **잘못** 잠가 어머니가 다시 잠가 주셨어요.

## 잠
자는 거예요. 아기가 새근새근 **잠**을 자요.

## 잠그다
문이 열리지 않도록 하는 거예요. 물이 나오지 않게 하는 것도 **잠그는** 것입니다. 아버지는 자기 전에 문을 모두 **잠갔어요**. 단추를 단춧구멍에 넣는 것도 **잠근다고** 해요.

## 잠기다
어떤 것이 물속에 들어가 있는 거예요. 오리는 물에 **잠긴** 발로 헤엄을 쳐요. 나는 물속에 **잠긴** 돌이 예뻐서 주워 들었어요.

## 잠깐
짧은 시간을 말해요. **잠깐** 잔 것 같은데 한 시간이 지났어요. 은희는 공부를 하다가 **잠깐** 쉬었어요.

## 잠자리
날아다니는 곤충입니다. **잠자리**는 몸이 가늘고 길어요.

## 잡다
무엇을 손에 넣고 힘을 주는 거예요. 아기 동생이 내 손을 **잡고** 걸어요. 무엇을 달아나지 못하게 하는 것도 **잡는다고** 해요. 영훈이는 개구리를 **잡았다가** 놓아 주었어요.

황새가 냇가에서 물고기를 **잡아요**.

## 잡아당기다
무엇을 손으로 잡아 자기 쪽으로 당기는 거예요. 정화가 인형을 사 달라며 어머니 팔을 **잡아당겨요**. 상자를 묶은 끈을 **잡아당기자** 끈이 풀렸어요.

## 장난
재미로 하는 행동입니다. 솔이와 아람이가 개울에서 물**장난**을 치며 깔깔 웃고 있어요.

### 장난감
아이들이 가지고 노는 물건입니다. 인형, 로봇, 팽이 등이 **장난감**이에요.

### 장마
여러 날 동안 계속 내리는 비입니다. **장마**는 여름에 많이 와요.

### 장사
돈을 벌려고 물건을 파는 거예요. 호영이 어머니는 시장에서 이불 **장사**를 해요.

### 장애인
사고나 병 때문에 몸을 움직이기가 불편한 사람이에요. 다리나 팔을 못 쓰는 **장애인**도 있고, 말을 못하거나 눈이 안 보이는 **장애인**도 있어요.

### 재미
신이 나고 즐거운 기분입니다. 윤희는 **재미**있는 연극을 보고 기분이 좋았어요. 지현이네 집에는 **재미**있는 책이 많아요.

친구들과 함께 노는 것은 **재미**있어요.

장난감・・전기

### 재빨리
아주 빠르게 움직일 때 쓰는 말이에요. 공이 날아오자 철민이는 **재빨리** 피했어요.

### 재주
어떤 것을 아주 잘할 때 **재주**가 있다고 해요. 예정이는 춤과 노래에 **재주**가 있어요.

### 재활용
버리는 물건을 고쳐서 다시 쓰는 거예요. 종이나 유리병은 **재활용**할 수 있어요.

### 저금
돈을 쓰지 않고 모으는 거예요. 동우는 **저금**을 많이 해요.

고양이가 쫓아오자 쥐가 **재빨리** 달아납니다.

### 저녁
해가 진 다음부터 밤이 되기 전을 **저녁**이라고 해요.

### 저절로
어떤 일이 스스로 일어날 때 쓰는 말입니다. 가을이 되면 나무에서 잎이 **저절로** 떨어집니다. 겨울 준비를 하는 거예요. 날씨가 따뜻해지면 눈이 **저절로** 녹아요.

### 적다
많지 않은 거예요. 미경이는 오빠보다 나이가 세 살 **적어요**. 솔이는 밥을 **적게** 먹었더니 곧 배가 고팠어요.

### 적다
글로 쓰는 거예요. 나는 공책에 친구 주소를 **적었어요**.

### 전기
가장 많이 쓰는 에너지예요. 텔레비전도 컴퓨터도 **전기**가 있어야 켜집니다. 불을 밝히는 것도 **전기**로 해요.

재형이는 아버지 생일 선물을 사려고 부지런히 **저금통**에 돈을 **저금**합니다.

### 전등
주위를 밝게 하기 위해 켜는 물건입니다. **전등**은 전기를 써서 빛을 내요. 손**전등**은 손에 들고 다니는 **전등**입니다.

### 전시회
작품이나 물건을 한곳에 늘어놓고 사람들에게 보여 주는 일이에요. 영미는 유명한 화가의 그림을 보려고 아버지와 함께 **전시회**에 갔어요.

### 전염병
병균을 옮기는 병이에요. 동물, 식물에도 **전염병**이 있어요. **전염병**이 퍼지면 많은 사람들이 같은 병에 걸려요.

### 전쟁
서로의 생명을 빼앗는 큰 싸움입니다. **전쟁**이 일어나는 것은 모두에게 엄청난 불행입니다.

### 전통
옛날부터 이어 내려오는 생각이나 행동입니다. 한국에는 설날에 세배하는 **전통**이 있어요. 그네뛰기, 널뛰기, 윷놀이는 한국의 **전통** 놀이입니다.

### 전학
학교를 옮기는 거예요. 이사를 하면 나는 집 가까이 있는 학교로 **전학**을 갈 거예요.

### 전화
기계를 써서 멀리 있는 사람과 말을 주고받는 거예요. **전화**를 걸고 받는 기계를 **전화**기라고 해요.

### 절약
아껴 쓰는 거예요. 어머니는 빨래를 할 때 물을 **절약**합니다. 에너지를 **절약**하려면 어떻게 해야 할까요? ❈

시은이는 전기를 **절약**하기 위해 방에서 나올 때면 불을 꺼요.

## 젊다
어리지도 않고 늙지도 않은 거예요. 은수 할아버지는 **젊었을** 때 마라톤 선수였어요. 우리 삼촌은 **젊어요**. 지금 스물일곱 살입니다.

## 점
**점**은 작고 동그래요. 누나는 코 옆에 **점**이 있어요.

## 점점
밖이 **점점** 어두워진다면 시간이 가면서 더 어두워지는 거예요. **점점** 배가 고파진다면 시간이 흐르면서 더 배가 고픈 거예요. 처음에는 책이 지루했는데 읽을수록 **점점** 재미있어요.

## 접다
펴 있는 것을 꺾어 겹치는 거예요. 독수리가 나무에 앉으며 날개를 **접었어요**. 나는 버스를 타려고 우산을 **접었어요**.

## 젓가락
음식을 집을 때 쓰는 가늘고 긴 물건이에요. **젓가락**은 두 짝이 한 쌍입니다.

## 정답다
서로 친한 거예요. 오리 두 마리가 물에서 **정답게** 놀아요. 나는 오랜만에 친구를 만나 **정답게** 이야기를 했어요.

## 정말
거짓이 아닌 말입니다. 나는 거꾸로 설 수 있어요. **정말**이에요. 겨울은 **정말** 추워요.

## 정성껏
진실한 마음으로 어떤 일을 할 때 쓰는 말이에요. 할아버지께서 썰매를 **정성껏** 만들어 주셨어요.

우리 강아지는 이름이 '점박이'예요. 머리에 **점**이 있거든요.

미경이는 색종이를 **접어** 종이 비행기를 만들어요.

ㄱㄴㄷㄹㅁㅂㅅㅇ**ㅈ**ㅊㅋㅌㅍㅎ

## 정신
**정신**은 눈에 보이지 않고 만질 수도 없지만 사람에게 아주 중요해요. **정신**이 있어야 생각을 할 수 있어요. 어떤 일이 좋은지 나쁜지 알 수 있고 이해도 할 수 있어요. 몸이 건강해야 **정신**도 건강해요.

## 정직
마음이 바르고 진실한 거예요. 우진이는 **정직**한 아이여서 거짓말을 하지 않아요. 어머니가 말했어요. "식탁 위에 있던 돈이 없어졌네. 누가 가져갔니?" 나는 **정직**하게 말했어요. "내가 가져갔어요."

## 정하다
어떤 일을 하기로 결심하거나 여러 개 중에서 하나를 고르는 거예요. 민지네는 다음 달에 이사를 가기로 **정했어요**. 경민이 가족은 청소를 할 때 서로 할 일을 **정해** 두었어요.

## 정확
바르고 틀림이 없는 거예요. 현정이는 약속 시간을 **정확**하게 지켜요. 한번도 늦은 적이 없어요. 동우는 책 제목을 **정확**히 알지 못해 도서관에서 책을 못 찾았어요.

## 젖다
물이 묻는 거예요. 비를 맞으면 옷이 **젖어요**. 운동을 하고 돌아와서 인규는 땀에 **젖은** 옷을 벗었어요. ❄

지혜는 **젖은** 운동화를 말리려고 밖에 내놓았어요.

## 제목
글, 노래, 영화 등에 붙인 이름입니다. 여러분이 읽고 있는 이 책의 **제목**은 '나의 첫 국어사전'입니다.

## 제사
음식을 만들어 놓고 조상에게 절을 하는 거예요. **제사**는 조상이 돌아가신 날이나 명절에 해요.

### 정신 ‥ 조용하다

### 제일
세계에서 **제일** 긴 강은 나일 강입니다. 나일 강보다 더 긴 강은 없어요. 은영이가 **제일** 좋아하는 동물은 고양이예요. **제일**은 가장과 비슷한 말이에요.

### 조각
덩어리에서 떨어져 나온 부분입니다. 유리가 깨지면 유리 **조각**이 돼요. 태훈이는 아침에 빵 한 **조각**과 우유를 먹었어요. ✳

### 조개
물속에서 사는 작은 생물이에요. 단단한 껍데기에 몸을 숨기고 있어요. **조개**는 요리할 때 쓰여요.

### 조금
많지 않다는 뜻이에요. 원희는 빵이 **조금**밖에 남지 않아 실망했어요. 비가 **조금** 와요. 많이 오지 않아요. 짧은 시간을 말할 때도 써요. **조금** 있으면 학교가 끝나요.

### 조상
친척 중 할아버지, 할머니보다 먼저 살다 돌아가신 어른들입니다.

### 조심
사고가 나지 않도록 주위를 잘 살피는 거예요. 경아는 찻길을 건널 때마다 **조심**해요. 잘못이나 실수가 없도록 행동하는 것도 **조심**하는 거예요. 아침마다 어머니는 아버지에게 말해요. "운전 **조심**하세요!" ✳

### 조용하다
시끄러운 소리가 들리지 않는 거예요. 아주 **조용할** 때는 숨소리도 크게 느껴져요. 도서관은 **조용해요**. 하지만 시장은 시끄러워요.

나는 수박 두 **조각**을, 오빠는 세 **조각**을 먹어요.

아기가 어머니 손을 잡고 계단을 **조심조심** 내려가요.

ㄱㄴㄷㄹㅁㅂㅅㅇ **ㅈ** ㅊㅋㅌㅍㅎ

### 존경
어떤 사람을 훌륭하게 생각하는 거예요. 정은이는 봉사 활동을 하는 어머니를 무척 **존경**합니다.

### 졸다
자기도 모르게 잠깐 잠을 자는 거예요. 미경이는 차만 타면 **졸아요**. 나는 텔레비전을 보다가 꾸벅꾸벅 **졸았어요**.

### 좁다
넓지 않은 거예요. 집 앞 골목은 **좁아서** 차가 다닐 수 없어요. 민태는 연극을 보러 극장에 갔는데 자리가 **좁아** 불편했어요.

### 종류
비슷한 것끼리 구별해 놓은 것을 **종류**라고 해요. 생물은 동물과 식물, 미생물, 세 **종류**로 나뉘어요. 백화점에는 장난감의 **종류**가 너무 많아서 고르기 힘들어요.

어떤 **종류**의 시계를 찾으세요? 벽에 거는 시계와 책상 위에 두는 시계가 있어요.

### 종이
사람들은 글씨를 쓰거나 그림을 그릴 때 **종이**를 써요. 책이나 신문은 **종이**로 되어 있어요.

# 존경・・주사위

## 좋다
무엇이 마음에 들 때나 도움이 될 때 **좋다**고 해요. 기분이 **좋다면** 마음이 즐겁고 편안한 거예요. 경치가 **좋다면** 경치가 아름다운 것입니다. 오늘은 날씨가 맑아 소풍 가기 **좋아요**.

## 좋아하다
어떤 것에 좋은 느낌을 가지는 거예요. 선영이는 도깨비가 나오는 이야기를 **좋아해요**. 나는 사람 인형을 **좋아해요**. 동물 인형은 **좋아하지** 않아요.

판다는 대나무를 **좋아해요**.

## 주고받다
서로 무엇을 주기도 하고 받기도 하는 것입니다. 형과 나는 공을 발로 차서 **주고받았어요**. 은수와 정화는 학교 앞에서 잠깐 이야기를 **주고받고는** 헤어졌어요.

## 주다
남이 어떤 것을 가지도록 하는 거예요. 어머니는 작아서 못 입는 내 옷을 옆집 아이에게 **주었어요**. **주다**는 '도와**주다**', '알아**주다**'처럼 다른 낱말에 붙여서 쓰기도 해요.

## 주머니
물건을 넣을 수 있게 만든 옷의 한 부분입니다. 신발**주머니**, 도시락 **주머니**처럼 무엇을 넣어서 들고 다니는 물건도 **주머니**라고 해요.

## 주사
물약을 몸에 넣을 때 쓰는 물건이에요. 끝이 바늘처럼 뾰족합니다.

## 주사위
놀이에 쓰는 네모난 물건이에요. **주사위**에는 점이 하나부터 여섯 개까지 그려져 있어요.

소영이는 아침마다 강아지에게 밥을 **줍니다**.

205

# ㄱㄴㄷㄹㅁㅂㅅㅇ **ㅈ** ㅊㅋㅌㅍㅎ

유나가 입 **주위**에 음식을 묻히며 먹어요.

### 주소
**주소**를 보면 집이나 건물이 어디 있는지 알 수 있어요. 우리 집 **주소**는 경기도 용인시 처인구 모현면 오산리 342-2예요.

### 주스
**주스**는 물처럼 마시는 거예요. **주스**는 과일이나 채소로 만듭니다. 혜미는 포도 **주스**를 가장 좋아해요.

### 주위
옆이나 가까운 곳을 말해요. 나무 **주위**에 잎이 떨어져 있어요. 아파트 **주위**에는 자전거를 세워 두는 곳이 있어요.

### 주인
이 우산의 **주인**이 이정민이라면 이 우산은 이정민 거예요. 이 공책의 **주인**은 누구일까요? 채슬아예요. 공책에 이름이 씌어 있어요. **주인**은 그 물건을 가지고 있는 사람입니다.

### 주인공
모든 이야기에는 **주인공**이 있어요. 〈심청전〉의 **주인공**은 심청입니다. **주인공**이 동물인 이야기도 있어요.

### 죽다
살아 있지 않은 거예요. 생물은 언젠가는 모두 **죽어요**. **죽으면** 숨을 쉬지 않고 움직이지 않아요.

### 준비
필요한 일을 미리 해 놓는 거예요. 은경이가 어머니와 함께 도시락을 싸며 소풍 **준비**를 해요. 아이들이 물에 들어가기 전에 **준비** 운동을 합니다.

### 줄
무엇을 묶는 데 쓰는 길고 가는 물건입니다. 사람들이 길게 서 있는 것도 **줄**이에요. 버스나 지하철을 탈 때 **줄**을 서요.

주소··줍다

## 줄기
나무나 풀의 한 부분이에요. **줄기**에는 작은 가지나 잎이 붙어 있어요.

## 줄넘기
**줄넘기**는 줄의 양끝을 잡고 돌리며 줄을 뛰어넘는 운동이에요.

## 줄다
원래 있던 것보다 작아지거나 적어지는 거예요. 동생은 아프고 난 뒤에 몸무게가 **줄었어요**. 오랫동안 비가 내리지 않아서 연못의 물이 **줄었어요**.

## 줍다
바닥에 있는 것을 집어 드는 거예요.
인우는 바닷가에서 조개 껍데기를 **주웠어요**.
나와 친구들은 운동장에 떨어진 쓰레기를 **주워** 쓰레기통에 버렸어요.

아이들이 땅에 떨어진 밤을 **줍고** 있어요.

207

## 중간
0에서 10까지의 숫자에서 **중간**에 있는 것은 5입니다. 나는 학교를 **중간**쯤 가다 준비물이 생각 나서 집으로 돌아왔어요.

## 중요
자연을 보호하는 것은 **중요**해요. 자연이 망가지면 생물이 살 수 없어요. 약속은 **중요**해요. 꼭 지켜야 합니다.

## 쥐
고양이를 무서워하는 작은 동물이에요. **쥐**는 숲이나 집 주위에 살아요. **쥐**는 꼬리가 가늘고 몸이 빨라요.

## 즐겁다
마음이 편하고 기분이 좋은 거예요. 은영이는 시골 할머니 집에 놀러 가는 것이 **즐거워요**.

새끼 반달곰들이 **즐겁게** 놀고 있어요.

## 지구
우주에서 우리가 살고 있는 땅이에요. **지구**는 둥글고 해 주위를 돌아요.

## 지금
말하고 있는 이때를 **지금**이라고 해요. **지금**은 옛날도 아니고 나중도 아니에요. 동생이 조금 전에 놀고 있었는데 **지금**은 잠을 자요. 나는 **지금** 책을 읽고 있어요.

## 지나가다
어떤 곳을 지나 계속 가는 거예요. 수호는 친구들과 이야기하며 걷다가 자기 집을 **지나갔어요**.

## 지나다
시간이 간 거예요. 오늘이 **지나면** 내일이 와요. 어떤 곳을 **지났다**고 하면 그곳에 머무르지 않고 가거나 오는 거예요. 경민이는 놀이터를 **지나** 학교에 갔어요.

중간 ·· 지우다

## 지내다
시간을 보내는 거예요. 나는 부모님이 외국에 나가 계시는 동안, 삼촌 집에서 **지냈어요**.

## 지다
이기지 못한 거예요. 시우는 축구 경기에 **져서** 기분이 안 좋았어요.

## 지다
꽃이나 잎이 말라 떨어지는 거예요. 해가 서쪽으로 넘어가는 것을 해가 **진다**고 합니다. 해가 **지면** 어두워져요.

## 지도
산이나 강, 바다 등이 어디 있는지 그림으로 나타낸 거예요. 세계 **지도**에는 여러 나라와 도시들이 나와 있어요. 영훈이는 부산이 어디 있는지를 보려고 **지도**를 폈어요.

## 지루하다
재미 없는 시간이 계속되는 거예요. 현아는 영화가 **지루해서** 텔레비전을 껐어요. 나는 음식을 기다리는 시간이 가장 **지루해요**.

## 지붕
집이나 건물 위를 덮은 부분입니다. **지붕**은 눈, 비, 햇빛을 막아 주어요.

## 지식
배우고 공부해서 알게 되는 것을 **지식**이라고 합니다.

## 지우다
그림이나 글자를 안 보이게 없애는 거예요. 주연이는 잘못 쓴 글자를 깨끗이 **지우고** 다시 썼어요.

민규는 주희와 가위바위보를 해서 **졌어요**. **지는** 사람이 가방을 들어 주기로 했어요.

나는 동생이 그린 그림을 **지웠어요**.

ㄱㄴㄷㄹㅁㅂㅅㅇ**ㅈ**ㅊㅋㅌㅍㅎ

## 지저분하다
먼지나 때가 묻어 깨끗하지 않은 거예요. 비 오는 날 돌아다녔더니 신발이 **지저분해요**.

## 지진
땅이 흔들리는 거예요. 큰 **지진**이 일어나면 건물이 무너지고 사람들이 많이 다쳐요.

## 지치다
몸과 마음이 힘든 거예요. 일이나 활동을 너무 많이 하면 **지쳐요**. 경아는 수영을 오래 했더니 **지쳤어요**.

## 지키다
나쁜 일이 일어나지 않도록 잘 살피고 돌보는 거예요. 영수네 개는 집을 잘 **지켜요**. 법을 **지킨다**는 것은 법으로 정한 것을 잘 따른다는 뜻이에요.

## 지하철
땅속으로 다니는 기차입니다. **지하철**은 정해진 장소를 오고 가며 사람들을 태워요.

## 직업
돈을 벌기 위해 하는 일을 말해요. 의사, 경찰, 가수 등이 **직업**이에요. 요리사는 요리를 **직업**으로 하는 사람입니다.

## 진실
거짓이 없는 거예요. **진실**한 사람은 자기 자신과 남에게 솔직한 사람입니다.

## 질문
알고 싶은 것을 묻는 거예요. 동생은 호기심이 많아서 **질문**을 많이 해요. 오늘도 밥을 먹다가 동생이 **질문했어요**. "엄마, 곰국에는 왜 곰이 없어요?"

진영이가 손을 들어 선생님께 **질문**을 합니다.

## 지저분하다 ‥ 집다

### 짐
여행 갈 때 필요한 것을 싸 놓은 물건이에요. 다른 곳으로 옮기기 위해 싸 놓은 물건도 **짐**이에요. 할머니가 양쪽 손에 **짐**을 들고 계셔서 내가 하나를 들어 드렸어요.

### 짐승
몸에 털이 나고 네 발을 가진 동물이에요. 호랑이, 사자, 쥐, 토끼 등이 **짐승**입니다. 새나 벌레는 **짐승**이라고 하지 않아요.

### 집
살기 위해 지은 건물이에요. **집**이 있으면 추운 겨울이나 더운 여름에도 편안히 지낼 수 있어요. 동물은 나무 위나 바위틈에 **집**을 지어요.

### 집다
손가락으로 무엇을 잡아서 드는 거예요. 코끼리가 코로 바나나를 **집어요**. 옆에 앉은 짝이 바닥에 떨어진 연필을 **집어서** 내게 주었어요. 유미가 젓가락으로 김치를 **집어서** 맛있게 먹어요.

### 짐

무거운 짐, 가벼운 짐
큰 짐, 작은 짐
풀어 놓은 짐, 묶어 놓은 짐
등에 진 짐, 어깨에 멘 짐
모두 다 짐.

차로 옮기는 짐, 배로 옮기는 짐
가져갈 짐, 보내온 짐
혼자 드는 짐, 같이 드는 짐
내 짐, 친구 짐
모두 다 짐.

아기가 돌잔치 때 붓을 **집었어요**. 붓을 **집으면** 공부를 잘한대요.

## 짓다
무엇을 만드는 거예요. 밥을 **짓는다면** 쌀로 밥을 만드는 것입니다. 글을 **짓는다면** 글을 쓰는 거예요. 농사를 **짓는다**는 것은 곡식과 채소, 과일을 기르는 것입니다.

## 짖다
개가 '멍멍' 하고 소리를 내는 거예요. 진희는 밤에 개가 **짖어서** 잠을 잘 못 잤어요.

## 짜다
소금의 맛이에요. 바닷물은 **짠**맛이 나요.

## 짝
유치원이나 학교에서 옆에 함께 앉는 친구예요. 양말이나 젓가락도 **짝**이 있어요.

## 짧다
길지 않은 거예요. 돼지 꼬리는 **짧아요**. 영석이는 앞머리를 너무 **짧게** 잘라서 다른 사람처럼 보여요.

## 쪽
방향을 나타내는 말이에요. 해가 뜨는 **쪽**은 동쪽입니다. 지구에서 한국의 반대**쪽**에 있는 나라가 어디인지 알아요? 우루과이예요.

## 쫓다
어떤 것의 뒤를 빠른 걸음으로 따르는 거예요. 고양이가 쥐를 **쫓아요**. 자기 주위에서 어떤 것을 없어지게 하는 것도 **쫓는** 것입니다. 강아지가 학교에 따라오려고 해서 내가 **쫓았어요**.

## 찌르다
뾰족하거나 긴 것을 어디에 집어넣는 거예요. 책을 읽는데 희정이가 나를 연필로 쿡쿡 **찌르며** 장난을 쳤어요.

### 짝

숟가락 짝은 젓가락
열쇠 짝은 자물쇠
엄마 짝은 아빠
내 짝은? 숨었다.

오른손 짝은 왼손
밥그릇 짝은 국그릇
연필 짝은 지우개
내 짝은? 찾았다.

토끼는 꼬리가 무척 **짧아요**.

# 짓다 ‥ 찢다

## 찍다
어떤 것을 눌러 모양을 만드는 거예요. 우리 가족은 바다로 여행을 가서 사진을 **찍었어요**. 누나 얼굴을 그리려면 코 옆에 큰 점을 **찍어야** 해요.

손과 발에 물감을 묻혀 **찍으면** 재미있는 모양이 나와요.

## 찔리다
뾰족한 것이 몸에 닿거나 몸속으로 들어오는 거예요. 바늘에 **찔리면** 아파요.

## 찡그리다
기분이 안 좋을 때 짓는 표정입니다. 아플 때나 햇빛이 너무 강할 때도 얼굴을 **찡그립니다**. 다솔이가 쓴 약을 삼키며 얼굴을 **찡그렸어요**.

## 찢다
무엇을 잡아당겨 조각내는 거예요. 아기 동생이 종이를 **찢으며** 놀아요. 나는 그림을 그리려고 공책 한 장을 **찢었어요**.

# 치읓

# 차

사람이나 짐을 실어 나르는 기계예요. 자동차, 기차 등이 **차**예요. 옛날에는 소나 말이 끄는 **차**를 타고 다녔어요.

# 차갑다

손이나 몸에 느껴지는 느낌이에요. 얼음을 만지면 **차가워요**. 여름에 계곡에 발을 담그면 무척 **차가워요**.

# 차다

빈 공간에 무엇이 더 들어갈 수 없을 만큼 들어 있는 거예요. 저금통이 가득 **차서** 터질 것 같아요. 버스에 사람들이 꽉 **찼어요**. 더 탈 수 없어요.

# 차다

발로 무엇을 날려 보내거나 건드리는 거예요. 나는 은주 쪽으로 공을 **찼어요**. 지훈이는 발로 돌을 톡톡 **차며** 걸었어요.

# 차례

한 가지 일을 여러 사람이 함께할 때는 **차례**대로 해야 해요. 소희는 자기 **차례**가 되자 일어나서 노래를 불렀어요.

아이들이 줄을 서서 자기 **차례**를 기다려요.

아버지 옷과 내 옷은 모양은 같지만 크기에서 **차이**가 나요. 아버지 옷이 더 커요.

## 차이
서로 같지 않은 것을 뜻해요. 영수는 열 살이고 경태가 일곱 살이라면 나이 **차이**가 있는 거예요. 친구와 나는 키 **차이**가 많이 나요. 친구가 5센티미터 더 커요.

## 착하다
마음이 따뜻하고 말과 행동이 올바른 거예요. 내가 짐을 들어 드리자, 할머니께서 "아이, **착해라**." 하고 칭찬하셨어요.

## 찬성
어떤 사람에게 **찬성**한다면 그 사람과 생각이 같은 거예요. 영호가 숨바꼭질을 하자고 해서 나는 "그래, 좋아." 하고 **찬성**했어요. 하지만 다른 아이들은 반대했어요.

## 참다
화를 **참았다면** 화가 났지만 화를 내지 않은 거예요. 동규는 동생 과자를 먹고 싶었지만 **참았어요**. 나는 아침에 잠을 더 자고 싶었지만 **참고** 일어났어요. 하품은 **참기** 힘들어요.

## 창문
공기나 햇빛이 들어올 수 있도록 만든 작은 문입니다. **창문**은 유리로 만든 것이 많아요. 집이나 차에는 **창문**이 많아요. **창문**을 줄여서 창이라고도 해요.

## 창피
실수나 어리석은 행동 때문에 부끄러움을 느끼는 거예요. 은서는 눈길에서 넘어졌을 때 무척 **창피**했어요. 나는 얼굴에 뭐가 묻은 것을 알고 **창피**해서 얼른 닦았어요.

## 찾다
어떤 것을 살펴서 발견하거나 알아내는 거예요. 형빈이는 잃어버린 장난감 차를 **찾아서** 기뻤어요. 나는 모르는 낱말을 사전에서 **찾았어요**.

차이 · · 책

알을 깨고 나온 새끼 거북들이 물을 **찾아갑니다**.

## 찾아가다
사람이나 어떤 것을 보기 위해 가는 거예요. 나는 심심해서 친구 집을 **찾아갔어요**. 맡긴 물건을 다시 가져가는 것도 **찾아간다**고 해요.

## 찾아오다
사람이나 어떤 것을 보기 위해 오는 거예요. 비둘기는 멀리 날아갔다가도 다시 자기 집을 **찾아옵니다**.

## 채소
요리로 만들어 먹는 식물이에요. 감자, 토마토 등이 **채소**예요. **채소**는 여름에 많이 납니다.

## 채우다
빈 공간에 무엇을 가득 집어넣는 거예요. 형이 물통에 물을 가득 **채워서** 들고 나갔어요.

## 책
책은 읽는 거예요. **책**에는 재미있는 이야기나 우리가 모르는 사실들이 많이 있어요.

진아와 동생은 통에 모래를 가득 **채웠어요**.

### 책상
집이나 회사에 두는 가구예요. 사람들은 **책상**에서 책을 읽거나 글을 써요.

### 책임
꼭 해야 할 일이에요. 군인은 나라를 지킬 **책임**이 있어요. 강아지에게 밥을 주는 것은 내 **책임**이에요. 재활용하는 물건을 정해진 곳에 가져다 놓는 것은 아버지 **책임**입니다.

### 챙기다
필요한 물건이 빠지지 않았는지 잘 살피는 거예요. 은주는 아침마다 우유를 **챙겨** 먹어요.

### 처럼
무엇이 어떤 것과 비슷할 때 쓰는 말입니다. 성훈이는 새**처럼** 날고 싶다고 생각했어요. 아기가 해**처럼** 환하게 웃었어요. 나는 커서 아버지**처럼** 선생님이 될 거예요.

### 처음
바다를 **처음** 보았다면 그 전에는 바다를 보지 않은 거예요. 종한이는 **처음**으로 말을 탔는데 재미있었어요.

### 천둥
하늘에서 '우르릉 쾅' 하고 나는 큰 소리예요.

### 천장
방바닥에 똑바로 누워 위를 쳐다보면 **천장**이 보여요. 천장에는 전등이 달려 있어요.

### 천천히
느리게 움직일 때 쓰는 말입니다. 소라는 아기 동생이 무서워할까 봐 그네를 **천천히** 밀어 주었어요. 나는 산을 빠르게 올라갔지만 내려올 때는 **천천히** 내려왔어요.

친구와 나는 **천천히** 걸어서 학교에 갔어요.

## 청소
더러운 곳을 깨끗하게 하는 것입니다. 여진이는 자기 방을 **청소**했어요. 차를 **청소**했더니 차도 깨끗하고 기분도 상쾌해요.

## 체조
가볍게 몸을 움직이는 운동입니다. 우리 학교에서는 아침마다 학생들이 운동장에 모여 **체조**를 해요.

## 쳐다보다
얼굴을 들어 똑바로 바라보는 거예요. 지영이는 하늘에 떠 있는 구름을 **쳐다보았어요**. 나무를 **쳐다보니** 예쁜 새가 가지에 앉아 있어요.

## 초대
잔치나 공연에 다른 사람을 오라고 부르는 거예요. 지원이는 생일에 친구들을 **초대**했어요.

**초대**한 친구들이 모두 와서 지원이는 기뻤어요.

## 최고
가장 좋고 훌륭한 것을 말할 때 써요. 재호는 태권도를 참 잘해요. 우리들 중 **최고**예요. 우리 어머니가 **최고**로 잘하는 요리는 불고기예요.

## 추석
한국의 가을 명절입니다. **추석**에는 가족들이 모여 조상께 감사를 드리고 맛있는 음식을 먹어요.

## 축구
공을 차며 하는 운동 경기입니다. **축구**는 열한 명씩 두 편으로 나눠서 해요.

## 축하
좋은 일이 있을 때 함께 기뻐하는 거예요. 태수가 달리기에서 일등을 하자 친구들이 **축하**해 주었어요.

## 출발
어느 곳으로 가기 위해 떠나는 거예요. 손님을 가득 태운 배가 **출발**합니다. 기차역은 **출발**하는 기차와 도착하는 기차로 언제나 복잡해요.

## 춤
음악에 맞추어 몸을 신 나게 움직이는 거예요. 무용이라고도 합니다. 동물도 **춤**을 춥니다. 수컷 동물들은 암컷에게 멋있게 보이기 위해 **춤**을 추어요.

## 춥다
한국의 날씨는 겨울에는 **춥고** 여름에는 더워요. **추우면** 몸이 덜덜 떨립니다. 비가 오고 나자 날씨가 갑자기 추워졌어요. **추운** 날씨에는 옷을 따뜻하게 입고 나가야 해요.

## 충분하다
필요한 만큼 있는 거예요. 친구들이 모두 먹을 만큼 과자가 **충분해요**. 아직 고기가 **충분히** 익지 않았어요. 불에 조금 더 두어야 해요. 시간이 **충분하지** 않아 나는 시험 문제를 모두 풀지 못했어요.

## 취미
좋아하거나 재미로 하는 일이에요. 아버지의 **취미**는 낚시예요. 은정이의 **취미**는 종이 접기입니다.

## 치다
무엇을 세게 건드리는 거예요. 세진이는 북 **치는** 곰 인형을 가지고 있어요. 씨름에서 져서 속상했는데 형이 내 어깨를 툭툭 **치며** 위로해 주었어요.

학교 운동회에서 승빈이는 장구를 **치고** 나는 소고를 **쳤어요**.

# 축하··칭찬

## 치료
아픈 곳을 낫게 하는 거예요. 약을 바르고 주사를 놓는 것도 **치료**입니다. ✳

## 치마
여자들이 입는 옷이에요. 수빈이는 짧은 **치마**를 좋아하고, 어머니는 긴 **치마**를 좋아해요.

## 치우다
주위를 깨끗하게 하는 거예요. 방을 **치웠더니** 방이 넓어 보여요. 물건을 옮기거나 버리는 것도 **치우는** 거예요. 아버지는 망가진 벽시계를 **치워** 버렸어요.

## 친구
서로 좋아하고 친한 사람이에요. 은혜와 나는 **친구**예요. 함께 놀고 함께 다녀요.

## 친절
남에게 정답게 행동하는 거예요. **친절**한 사람을 만나면 기분이 좋아요. 경찰관 아저씨는 **친절**합니다. 길을 물으면 언제나 웃으며 길을 알려 주세요. ✳

## 친척
큰아버지, 큰어머니, 삼촌, 고모, 이모, 사촌 들이 모두 **친척**이에요. 나는 **친척**이 많아요.

## 친하다
서로 사이가 좋은 거예요. 우리 집과 옆집은 아주 **친해요**. 어려운 일이 있으면 서로 도와요.

## 칭찬
다른 사람의 행동에 대해 좋은 말을 해 주는 거예요. 선생님은 재희가 인사를 잘한다고 **칭찬**하셨어요.

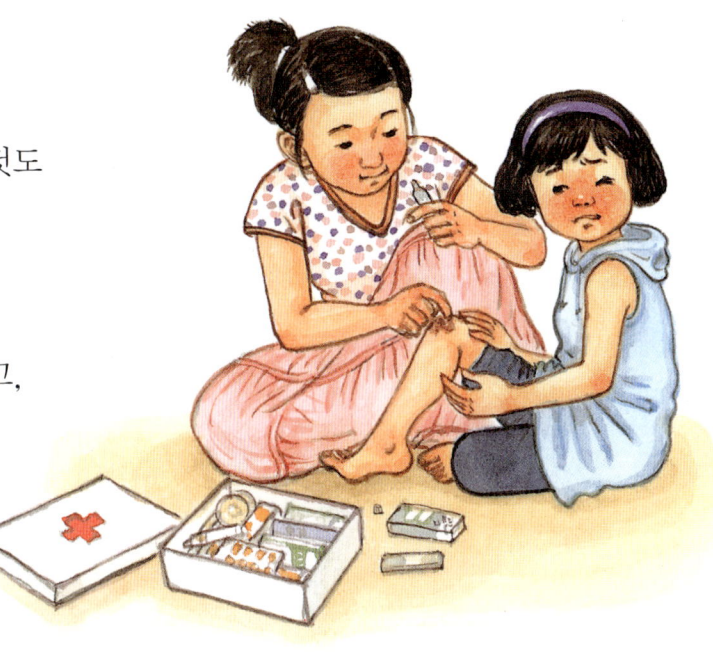

어머니가 무릎에 난 상처를 **치료**해 줍니다.

**친절**한 경찰관 아저씨 덕분에 박물관 가는 길을 쉽게 찾을 수 있었어요.

# 키읔·티읕·피읖

## 카드

특별한 날을 축하하기 위해 남에게 주는 종이예요. 민호는 크리스마스 때 친구들에게 **카드**를 보냈어요. 놀이할 때 쓰는 여러 가지 그림이 그려진 종이들도 **카드**라고 해요.

## 카메라

사진을 찍을 때 쓰는 기계예요. 찍은 사진을 컴퓨터로 옮겨서 볼 수 있는 **카메라**도 있어요. 현주네 가족은 여행 갈 때 언제나 **카메라**를 챙겨요.

## 칼

어떤 것을 자를 때 쓰는 물건이에요. 과일 껍질을 벗길 때도 써요. **칼**은 끝이 뾰족해서 쓸 때 조심해야 합니다.

## 캄캄하다

아주 어두운 거예요. **캄캄하면** 앞이 잘 보이지 않아요. **캄캄한** 밤하늘에 별이 반짝반짝 빛나고 있어요.

## 캐다

땅속에 있는 것을 파내는 거예요. 나는 감자를 **캐고** 형은 감자를 날랐어요.

어머니와 나는 갯벌에서 조개를 **캤어요**. 내가 **캔** 조개는 아주 커요.

### 캥거루
배에 있는 주머니에 새끼를 넣고 다니는 동물이에요.
**캥거루**는 뒷다리가 길어 껑충껑충 잘 뛰어요.

### 커다랗다
아주 큰 거예요. 우리 교실 옆에 **커다랗고** 잎이 많은 나무가 있어요. 아버지가 환이에게 **커다란** 장난감 차를 사 주었어요.

### 컴컴하다
너무 어두워서 주위가 잘 보이지 않는 거예요. '캄캄하다'와 비슷한 말인데 조금 더 센 느낌을 줍니다.

### 컴퓨터
복잡한 일을 빠르고 정확하게 해내는 기계예요. 아이들은 **컴퓨터**로 공부도 하고 놀이도 해요.

### 컵
물이나 우유 같은 액체를 따라 마시기 위해 만든 그릇입니다.

### 켜다
불을 **켜면** 방이 환해져요. 라디오를 **켜자** 음악 소리가 들려요. 골목이 어두워서 형과 나는 손전등을 **켜고** 걸었어요.

아이들이 꼬마전구에 불을 **켜는** 실험을 해요. 신기하죠? 동전과 구리선을 연결해도 불이 **켜져요**.

캥거루 ‥ 키우다

## 코
**코**는 얼굴 한가운데 있어요. 사람은 **코**로 숨을 쉬고 냄새를 맡아요. **코**에는 구멍이 둘 있어요. 콧구멍이에요.

## 코끼리
코가 긴 동물이에요. **코끼리**는 코를 손처럼 써요. 땅에 사는 동물 중에서 **코끼리**가 몸이 가장 커요.

## 콩
작고 동그란 씨예요. 밥을 할 때나 떡을 할 때 써요.

## 크기
얼마나 크고 작은지 나타내는 말입니다. 강가에서 돌을 주웠는데 **크기**가 여러 가지예요.

## 크다
어머니 발은 은지 발보다 **커요**. 은지가 어머니 신발을 신으면 너무 **커서** 벗겨져요. 염소는 토끼보다 **커요**. ❇

## 크레파스
그림을 그릴 때 쓰는 물건이에요. **크레파스**에는 여러 가지 색이 있어요.

## 크리스마스
**크리스마스**는 12월 25일이에요. **크리스마스**에는 산타클로스가 착한 아이에게 선물을 준다고 해요.

## 키
사람이나 동물의 몸 길이를 나타내는 말이에요. **키**가 가장 큰 동물은 기린입니다. ❇

## 키우다
무엇을 기르거나 크게 하는 거예요. 우리 집은 소를 **키워요**.

악어는 입이 **커요**. **큰** 입을 벌리면 무서워요.

나는 지난해보다 **키**가 많이 자랐어요.

사막에서는 사람들이 낙타를 **타고** 다녀요.

### 타다
차, 비행기, 동물 등 움직이는 것에 몸을 올려놓는 거예요. 승민이는 놀이 공원에서 빙글빙글 도는 비행기를 **탔어요**. 나는 놀이터에서 그네를 **탔어요**. 누나는 버스를 **타고** 학교에 다녀요.

### 타다
무엇에 불이 붙어 불꽃이 일어나는 거예요. 무엇이 불에 **타면** 냄새와 연기가 나고 뜨거워요. 종이와 나무는 불에 잘 **타요**. 불에 잘 **타지** 않는 물건도 있어요.

### 탈
**탈**은 얼굴에 쓰는 거예요. **탈**은 여러 가지 얼굴 모양으로 만듭니다. **탈**을 쓰고 추는 춤을 **탈춤**이라고 합니다. 학교에서 서진이와 친구들은 동물 **탈**을 쓰고 연극을 했어요.

### 태권도
한국의 운동 경기예요. **태권도**는 손과 발을 써서 다른 사람과 겨루어요.

### 태극기
한국을 나타내는 국기입니다. 다른 나라와 운동 경기를 할 때 한국 선수들은 가슴에 **태극기**를 달아요.

### 태도
친절한 **태도**는 친절한 마음을 행동으로 보이는 거예요. **태도**가 얌전하다면 얌전한 마음이 자세나 행동으로 보이는 것입니다. **태도**에는 마음이 담겨 있어요.

### 태어나다
아기가 어머니 배 속에서 세상으로 나오는 것을 말해요. 현지는 동생이 **태어나서** 기뻤어요. 내가 **태어났을** 때 할머니께서는 마을 잔치를 크게 하셨대요.

# 타다 ‥ 터지다

### 태우다
아기를 그네에 **태우자** 아기가 무섭다고 얼굴을 찡그렸어요.
삼촌이 나를 자전거에 **태우더니** 공원을 한 바퀴 돌았어요.

### 태우다
불을 붙여 타게 하는 거예요. 아저씨가 나뭇잎을 **태워요**.

### 태풍
큰비와 함께 오는 바람이에요. **태풍**은 여름에 많이 와요.

### 택시
돈을 받고 손님이 바라는 곳까지 태워 주는 차입니다.

### 터뜨리다
터지게 하는 거예요. 동생이 내 풍선을
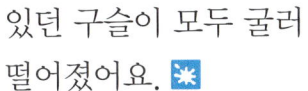

### 터지다
막혀 있던 것이 뚫리거나 찢어지는
거예요. 바지 주머니가 **터져서** 안에
있던 구슬이 모두 굴러
떨어졌어요.

아이들이 콩 주머니를 던지자 박이 **터졌어요**.

동물원에 아주 **특별한** 호랑이가 태어났어요.
털이 하얀 백호예요.

### 털
사람의 살이나 동물의 가죽에 나는 실처럼 가는 것이에요.
우리 아버지는 다리에 **털**이 많아요. 옆집 강아지는 **털**이 짧고
검어요. 우리 고양이는 **털**이 길고 부드러워요.

### 텔레비전
무엇을 보거나 듣고 싶을 때 **텔레비전**을 켜요. 아버지는
**텔레비전**으로 축구 경기를 자주 봅니다.

### 토끼
귀가 길고 꼬리가 짧은 동물이에요. **토끼**는 깡충깡충 뛰어요.
눈은 빨갛고 풀을 먹고 살아요.

### 토마토
둥글고 색이 빨간 열매예요. 방울처럼 생긴 작은 **토마토**를
방울 **토마토**라고 합니다.

### 특별하다
아주 다른 거예요. 1월 1일은 나에게 **특별한** 날이에요.
설날이기도 하지만 내 생일이에요. 우리 형제는 정말 **특별해요**.
우리는 세 쌍둥이거든요.

### 튼튼하다
매우 단단하고 강한 거예요. 몸이 **튼튼하면** 잘 아프지 않아요.
경원이의 로봇 장난감은 **튼튼해요**. 떨어져도 부서지지 않아요.

### 틀리다
사실과 맞지 않거나 잘못된 것을 말해요. 다빈이는 '5-1'의
답을 '3'이라고 썼어요. **틀린** 답이에요.

### 틈
둘 사이의 좁은 공간이에요. 바위**틈**에 작은 꽃이 피어 있어요.
창문 **틈**으로 달빛이 들어와서 방 안이 어둡지 않아요.

지영이가 옷장 **틈**에서 탁구공을 꺼내고 있어요.

## 파다
땅에 구멍을 내는 거예요. 삼촌과 나는 꽃을 심으려고 땅을 **팠어요**. 사람들은 길을 만들기 위해 땅을 **파기도** 합니다. 토끼는 땅을 **파서** 집을 만들어요. ✳

## 파도
바람에 따라 출렁출렁 움직이는 바닷물이에요. 큰 **파도**는 사람 키보다 높아요. **파도**가 높이 칠 때는 바다에 나가면 안 돼요.

## 파랗다
맑은 하늘이나 깊은 바다 색을 **파랗다**고 해요. **파란**색은 시원한 느낌을 줍니다. **파란**색과 노란색을 섞으면 녹색이 돼요.

## 파묻다
땅을 파고 어떤 것을 땅속에 묻는 거예요. 어떤 동물들은 먹고 남은 먹이를 땅에 **파묻어요**. 나중에 먹으려는 거예요.

## 팔
어깨에 붙은 몸의 한 부분입니다. **팔** 끝에 손이 있어요.

## 팔다
물건 값을 받고 그 물건을 주는 거예요. 채소도 **팔고** 컴퓨터도 **팔고** 옷도 **팔아요**. 정우 아버지는 가구를 **팔아요**.

## 팔리다
물건이 **팔렸다면** 사람들이 그 물건을 산 거예요. 사과가 모두 **팔렸어요**. 남은 것이 하나도 없어요.

## 팽이
바닥에다 빙글빙글 돌리며 노는 장난감입니다. **팽이**를 돌리는 것을 **팽이** 친다고 해요.

여우가 먹이를 숨겨 두려고 땅을 **파요**.

### 퍼뜨리다

어떤 것을 퍼지게 하는 거예요. 바람은 씨앗을 **퍼뜨려요**. 우리 형은 내가 넘어져서 울었다는 것을 동네 아이들에게 **퍼뜨렸어요**. 동네에서 그 사실을 모르는 아이가 없어요.

### 퍼지다

어떤 것이 넓어지거나 커지는 거예요. 딸기 한 포기를 심었더니 넓게 **퍼져** 딸기 밭이 되었어요. 선생님께서 곧 결혼하신다는 소식이 학교에 **퍼져** 모두 알게 되었어요.

### 펭귄

사람처럼 서서 걸어 다니는 새입니다. **펭귄**은 날지 못하지만 헤엄은 잘 쳐요. **펭귄**은 추운 곳에서 살아요.

### 펴다

접힌 것을 양쪽으로 벌리는 거예요. 인수는 공책을 **펴고** 글을 쓰기 시작했어요. 시은이는 잠을 자려고 이불을 **폈어요**. ❇

날다람쥐가 몸을 활짝 **펴고** 다른 나무로 옮겨 가요.

## 편
운동이나 놀이를 할 때 사람들을 나누는 것을 **편**을 나눈다고 해요. 축구, 야구는 **편**을 나누어 하는 운동입니다.

## 편안하다
몸과 마음이 편하고 걱정이 없는 거예요. 세상에서 가장 **편안한** 곳은 우리 집이에요.

## 편지
하고 싶은 말을 글로 써서 보내는 것이 **편지**입니다. 컴퓨터로 쓰는 **편지**를 '이메일'이라고 해요.

## 편하다
어떤 일을 하는 데 어렵거나 힘들지 않은 거예요. 훈이의 새 신발은 **편해요**. 아무리 신고 다녀도 발이 아프지 않아요. 오늘은 학교에 안 가는 날이에요. **편하게** 쉴 거예요.

## 펼치다
접혀 있거나 구부러져 있는 것을 넓게 펴는 거예요. 성은이는 그림책을 **펼쳐** 큰 소리로 읽었어요.

## 평화
서로 다투지 않고 편안하게 지내는 때예요. 전쟁을 하면 **평화**가 깨집니다. 세계의 **평화**를 지키는 일은 매우 중요해요.

## 포도
작고 동그란 알이 덩어리로 달린 과일입니다. **포도**는 시고 단맛이 나요. **포도**를 셀 때 송이라는 말을 써요.

## 폭풍
매우 세게 부는 바람이에요. **폭풍**이 불면 나무가 흔들리고 가지가 부러지기도 합니다.

푹신푹신한 의자에 앉아 있으니 **편안해요**.

ㄱㄴㄷㄹㅁㅅㅇㅈㅊㅋㅌ **ㅍ** ㅎ

이 **표시**는 자전거만 다닐 수 있다는 것을 나타냅니다.

### 표
영화를 보려면 **표**가 있어야 합니다. 비행기, 배, 기차도 **표**가 있어야 탈 수 있어요. **표**는 돈을 주고 사는 거예요.

### 표시
어떤 사실을 알리거나 나타내 보이는 거예요. 우리 앞산은 등산길이 붉은 리본으로 **표시**되어 있어요. 횡단보도는 길바닥에 하얀색 가로 줄로 **표시**되어 있어요.

### 표정
마음속의 감정이 얼굴에 드러난 모습이에요. **표정**을 보면 즐거운지, 슬픈지, 화가 났는지를 알 수 있어요. 주연이는 맛있는 음식을 보고 기쁜 **표정**을 지었어요. 영철이는 오늘 **표정**이 밝아요. 좋은 일이 있나 봐요.

### 표현
생각이나 느낌을 겉으로 나타내는 것입니다. 말과 글도 **표현**의 한 방법이에요. 선미는 그림을 그리면서 자연의 아름다움을 잘 **표현**하려고 노력했어요.

### 풀
작은 식물입니다. **풀**은 나무처럼 크게 자라지 않아요. 풀 중에는 1년만 사는 것이 많아요.

### 풀다
묶인 것을 원래대로 해 놓는 거예요. 예지는 리본을 **풀고** 상자를 열었어요. 문제의 답을 알아내는 것도 **푼다**고 해요. 현희는 어머니가 내 준 문제를 모두 **풀었어요**.

### 품다
어떤 것을 가슴에 대고 안는 거예요. 새가 새끼나 알을 가슴과 날개로 따뜻하게 하는 것도 **품는다**고 합니다. 닭이 알을 **품으면** 병아리가 나와요.

펭귄이 알을 따뜻하게 **품고** 있어요.

표··필요

## 풍선
얇은 주머니에 바람을 불어 넣으면 커지는 장난감이에요.
**풍선**은 가벼워서 붙잡지 않으면 하늘로 떠올라요.

## 피
사람이나 동물의 몸속에 흐르는 빨간 액체입니다. 영철이는
앞으로 넘어져 손바닥에 **피**가 났어요.

## 피곤
몸이 지치고 힘든 거예요. **피곤**하면 기운이 없고 눕고 싶어요.
민규는 운동을 많이 해서 **피곤**했어요.

## 피다
꽃잎이 벌어지는 거예요. 봄에는 예쁜 꽃들이 많이 **핍니다**.

## 피아노
손가락으로 눌러 소리를 내는 악기입니다. **피아노**는 열
손가락을 모두 써서 연주해요.

## 피하다
무엇에 부딪치거나 맞지 않으려고 몸을 움직이는 거예요.
눈싸움을 할 때 동욱이는 눈을 정말 잘 **피했어요**. ❄

나는 차가 지나가자 더러운 물이
묻을까 봐 얼른 **피했어요**.

## 필요
꼭 있어야 하는 거예요. 밥을 먹으려면 숟가락이 **필요**해요.
물건을 사려면 돈이 **필요**합니다. 비 오는 날 밖에 나가려면
무엇이 **필요**할까요?

# 히읗

# 하나 · · 학생

## 하나
수를 셀 때 가장 먼저 세는 수입니다. 코도 **하나**이고 입도 **하나**예요. 경태는 상자에 과자가 **하나**밖에 없어서 실망했어요.

## 하늘
해, 달, 별이 있는 곳입니다. 너무 넓어서 끝이 어디인지 알 수 없어요. **하늘**에는 구름이 떠 있고 새와 비행기가 날아다녀요.

## 하다
몸을 움직이거나 행동하는 거예요. 나는 오늘 운동도 **하고** 공부도 **했어요**. 잠자기 전에는 목욕도 **했습니다**. 어머니는 저녁밥을 **하고** 아버지는 청소를 **했어요**.

## 하루
새벽부터 밤까지를 **하루**라고 해요. 수진이는 **하루**에 한 번 강아지와 공원에 갑니다. 경아는 **하루** 세 번 이를 닦아요.

## 하얗다
눈이 내려 세상이 **하얗게** 변했어요. **하얀**색은 색 중에서 가장 밝아요. 나는 **하얀** 종이에 그림을 그렸어요.

## 하품
입이 크게 벌어지면서 저절로 나오는 숨이에요. 졸리거나 지루할 때 **하품**이 나요. 동생은 **하품**을 몇 번 하더니 잠이 들었어요. ❄

## 학교
여러 사람이 함께 모여 배우고 공부하는 곳이에요. 민지는 **학교**에서 리코더 부는 법을 배웠어요.

## 학생
학교에서 공부를 하는 사람입니다. 유정이는 세 밤만 자면 학교에 가요. **학생**이 되는 거예요.

현수는 책을 읽다가 **하품**을 크게 했어요.

### 한국
우리가 살고 있는 나라입니다. **한국**에서 사람들이 가장 많이 사는 도시는 서울입니다. **한국**을 대한민국이라고도 불러요.

### 한글
한국 사람들이 쓰는 글자예요. 이 책에 씌어 있는 글자가 **한글**입니다. **한글**은 닿소리와 홀소리로 되어 있어요. 'ㄱ, ㄴ, ㄷ……'이 닿소리이고, 'ㅏ, ㅑ, ㅓ……'가 홀소리입니다.

### 한복
한국 사람들이 옛날부터 입던 옷이에요. 지금도 특별한 날이나 명절에는 **한복**을 입어요.

### 한자
중국에서 온 글자예요. 산을 **한자**로 쓰면 '山'입니다. 글자가 산 모양을 닮았지요?

### 할머니
아버지나 어머니의 어머니입니다. 아주머니보다 더 나이 든 여자를 **할머니**라고 부르기도 합니다.

### 할아버지
아버지나 어머니의 아버지입니다. 아저씨보다 더 나이 든 남자를 **할아버지**라고 부르기도 합니다.

### 할퀴다
손톱, 발톱 등 뾰족한 것으로 몸에 상처를 내는 거예요. 고양이는 잘 **할퀴어요**. 고양이를 안을 때 조심해야 해요.

### 핥다
혀로 맛을 보거나 빨아 먹는 거예요. 동생은 아이스크림을 주면 혀로 **핥아** 먹어요. ❄

강아지가 은미 얼굴을 **핥고** 있어요.

한국·· 햇빛

얼룩말은 여러 마리가 **함께** 모여 살아요.

### 함께
개가 주인 옆에 앉아 있어요. **함께** 있는 거예요. 알약을 먹을 때는 물과 **함께** 먹어야 해요. 밤길을 걸을 때 아버지와 **함께** 있으면 무섭지 않아요.

### 함부로
**함부로** 하는 것은 자기 마음대로, 생각 없이 하는 거예요. 남의 것을 **함부로** 가져오는 것은 나쁜 행동입니다.

### 합치다
여러 개를 모아 하나로 만드는 거예요. 둘이서 힘을 **합치면** 힘든 일도 쉽게 할 수 있어요.

### 해
**해**는 낮에 하늘에 떠 있어요. 태양이라고도 합니다. 지구가 **해**를 한 바퀴 도는 시간도 **해**라고 해요.

### 해롭다
이롭지 않은 거예요. 여름에 차가운 음식을 너무 많이 먹으면 건강에 **해로워요**.

### 햇빛
해에서 나오는 빛이에요. **햇빛**은 밝고 환해요.

현진이와 민규는 힘을 **합쳐서** 책상을 옮겼어요.

## 행동
몸으로 어떤 일을 하는 거예요. 찻길을 함부로 건너는 것은 위험한 **행동**이에요. 철우는 **행동**이 아주 빨라요.

## 행복
더 이상 바랄 것이 없으면 **행복**한 거예요. **행복**하면 마음이 편안하고 즐거워요.

## 허리
**허리**는 몸의 중간이에요. 우리 할아버지는 **허리**가 굵어요. 아주 가는 **허리**를 개미**허리**라고 말합니다.

## 허수아비
**허수아비**는 새나 동물이 곡식을 먹지 못하게 하기 위해 논밭에 세워 둡니다. 사람 모양으로 만들어서 옷을 입혀 놓아요.

## 헝겊
**헝겊**은 옷을 만들 때 써요. 무늬와 색이 여러 가지입니다. 어머니가 예쁜 **헝겊** 조각을 모아 아기 이불을 만들었어요.

## 헤어지다
함께 있다가 흩어지는 거예요. 선우는 은지와 **헤어졌어요**. 은지가 시골로 이사를 갔기 때문이에요.

## 헤엄
물에서 왔다 갔다 하는 거예요. 태훈이는 **헤엄**을 잘 쳐요.

예쁜 물고기들이 어항 속에서 **헤엄**을 쳐요.

## 혀
**혀**는 입 안에 있어요. 말을 할 때, 음식을 먹을 때 써요.

## 현재
지금 이 시간을 말해요. 지나간 시간은 과거이고, 아직 다가오지 않은 시간은 미래입니다.

행동·· 호기심

## 협동
어떤 일을 할 때 여러 사람이 힘을 합치는 거예요. **협동**을 하면 힘이 훨씬 커져요. 무거운 물건도 **협동**해서 들면 가벼워요.

줄다리기에서 이기려면 서로 **협동**을 해야 해요.

## 형
남자가 자기보다 나이 많은 남자 형제를 부를 때 **형**이라고 합니다.

## 형제
형과 동생을 합쳐 부르는 말입니다. 옛날이야기에 나오는 흥부와 놀부는 **형제**예요.

## 호기심
알고 싶은 것이 많을 때 **호기심**이 많다고 해요. 형은 **호기심**이 많아서 장난감 차만 보면 모두 뜯어 보아요. 염소는 **호기심**이 많은 동물이에요. 모르는 사람을 보면 잘 따라가요.

### 호랑이
몸에 검은 줄무늬가 있고 힘이 센 동물이에요. **호랑이**는 어두울 때 돌아다녀요. 옛날에는 우리나라에도 **호랑이**가 많이 살았지만 지금은 동물원에 가야 볼 수 있어요.

### 호박
**호박**은 반찬으로 많이 해 먹는 채소예요. 모양과 크기가 여러 가지입니다.

### 호수
물이 흐르지 않고 모여 있는 넓은 곳입니다. **호수**는 연못보다 깊고 넓어요.

### 혼나다
잘못을 해서 남에게 좋지 않은 소리를 듣는 거예요. 은비는 학교에 자꾸 늦어서 선생님께 **혼났어요**.

### 혼자
다른 사람과 함께 있지 않는 거예요. 나는 어머니 심부름을 **혼자** 갔어요. 재형이는 이제 **혼자** 이를 닦을 수 있어요.

### 화
누가 밀거나 어떤 것이 싫으면 **화**가 나요. 친구가 약속을 지키지 않아서 나는 **화**가 났어요. 민우는 강아지가 책을 뜯어 놓아서 **화**가 났어요.

### 화가
그림 그리는 것을 직업으로 가진 사람이에요. 공원에 가면 사람들 얼굴을 그려 주는 거리 **화가**가 있어요.

### 화려하다
매우 아름답고 보기 좋은 거예요. 어머니는 아기 돌잔치 때 **화려한** 한복을 입었어요.

동재와 동욱이가 싸움을 해서 어머니께 **혼났어요**.

# 호랑이‥회사

## 화분
꽃이나 식물을 심어 기르는 그릇입니다.

## 화산
깊은 땅속에 있는 불덩어리가 밖으로 터져 나와 생긴 산이에요. 백두산과 한라산은 **화산**입니다.

## 확인
맞는지 틀리는지를 알아보는 거예요. 희철이는 냉장고에 딸기가 있다는 말을 듣고 **확인**해 보았어요. 어머니는 문을 걸고는 문이 잘 잠겼는지 **확인**했어요.

## 환경
우리 주위를 둘러싸고 있는 것이 모두 **환경**입니다. 공기나 땅, 도시의 건물도 **환경**이에요. **환경**이 오염되면 살기 힘들어요. **환경**이 오염되지 않도록 노력해야 합니다.

## 환자
몸이 아픈 사람을 말해요. 병원에는 **환자**가 많아요. **환자**를 치료하는 사람이 의사예요.

## 환하다
**환하면** 주위에 무엇이 있는지 잘 보여요. 햇빛이 있으면 **환해요**. 전등을 켜자 컴컴하던 거리가 **환해졌어요**.

## 활동
무엇을 하기 위해 몸을 움직이는 거예요. 일하는 것도 **활동**이고 운동을 하는 것도 **활동**입니다. 오늘은 유치원에서 공원으로 바깥 **활동**을 나갔어요.

## 회사
돈을 벌기 위해 여러 사람이 함께 일하는 곳이에요. 우리 아버지는 카메라를 만드는 **회사**에 다녀요.

희수는 친구에게서 편지가 왔는지 보려고 우편함을 **확인**해 보았어요.

### 환해요

눈 감으면 깜깜해요.
눈 뜨면 환해요.

불 없으면 컴컴해요.
불 켜면 환해요.

밤이 되면 어두워요.
아침이면 환해요.

우는 얼굴 미워요.
웃으면 다시 환해요.

### 횡단보도
사람이 안전하게 찻길을 건널 수 있도록 만들어 놓은 곳입니다.

### 효도
부모님의 마음을 편안하고 기쁘게 하는 일입니다. 부모님 말을 잘 듣는 것이 **효도**예요.

### 후회
자기의 잘못이나 실수를 반성하고 뉘우치는 거예요. 유라는 친구에게 화를 내고 나서 '내가 왜 그랬을까?' 하고 **후회**했어요.

### 훈련
어떤 일을 잘하기 위해 연습을 많이 하는 거예요. 철우는 강아지가 똥을 아무 곳에나 누지 않도록 **훈련**시켰어요. 군인과 운동선수는 힘든 **훈련**을 많이 합니다.

체조 선수들이 열심히 **훈련**을 하고 있어요.

횡단보도‥흔들다

## 훌륭하다
무엇을 아주 잘 해냈을 때 **훌륭하다**고 해요. 아버지는 내가 그린 그림을 보고 "**훌륭해**. 아주 잘했어!"라고 칭찬했어요. 자기 몸을 아끼지 않고 남을 돕는 것은 **훌륭한** 행동이에요.

## 훔치다
남의 물건을 몰래 가져가는 거예요. 고양이가 자고 있는 사이에 개가 고양이 밥을 **훔쳐** 먹었어요. 경찰이 돈을 **훔쳐** 달아나는 도둑을 잡았어요.

## 훨씬
'아주 많이'와 비슷한 뜻이에요. 은주는 긴 머리보다 짧은 머리가 **훨씬** 잘 어울려요. 동생 신발과 내 신발이 비슷하다고요? 아니에요. 내 신발이 **훨씬** 커요.

## 휘파람
입을 동그랗게 만들어서 내는 소리예요. **휘파람**으로 노래도 부를 수 있어요.

## 흉내
다른 사람의 말이나 행동을 그대로 따라 하는 거예요. 동생이 텔레비전을 보며 가수 **흉내**를 냅니다.

아이들이 코끼리를 보고 코끼리 **흉내**를 냅니다.

## 흐르다
액체가 아래로 계속 움직여 가는 거예요. 깊은 산속에 물이 졸졸 **흘러요**. 시간이 지나가는 것도 **흐른다**고 해요.

## 흔들다
위아래나 옆으로 무엇을 계속 움직이는 거예요. 눈 덮인 나뭇가지를 **흔들었더니** 가지에서 눈가루가 떨어졌어요.

ㄱㄴㄷㄹㅁㅂㅅㅇㅈㅊㅋㅌㅍ **ㅎ**

나는 피아노를 좋아하고 오빠는 바이올린을 좋아해요. 우리는 둘 다 음악에 **흥미**가 있어요.

### 흔들리다
위아래나 옆으로 무엇이 계속 움직이는 거예요. 버스나 기차를 타면 몸이 **흔들려요**.

### 흘러가다
흘러서 내려가는 거예요. 물은 높은 곳에서 낮은 곳으로 **흘러갑니다**.

### 흘리다
무엇을 밖으로 떨어뜨리는 거예요. 지원이는 주스를 마시다가 바닥에 **흘렸어요**. 민지는 친구 주소를 쓴 종이를 어디에 **흘렸는지** 찾을 수 없었어요. 눈물이나 땀 등을 몸 밖으로 내보내는 것도 **흘린다**고 해요.

### 흥미
어떤 일에 **흥미**가 있다면 그 일이 재미있고 자꾸 하고 싶어지는 거예요. 아버지는 요리에 **흥미**가 있어서 요리하는 것을 무척 좋아해요. ❄

### 흩어지다
모여 있던 것이 여기저기로 떨어지는 거예요. 운동회가 끝나자 사람들이 **흩어졌어요**. 나뭇잎이 바람에 **흩어져** 거리가 지저분해졌어요.

### 희망
어떤 일을 이루고 싶어 하는 거예요. 훈이의 **희망**은 커서 경찰이 되는 거예요. 준호는 이루고 싶은 **희망**이 있어요. 아픈 동생이 빨리 낫는 거예요.

### 힘
몸을 움직이려면 몸에 **힘**이 있어야 해요. 병뚜껑이 안 열려서 삼촌은 **힘**을 세게 주어 열었어요. 생각하는 **힘**을 키우려면 책을 많이 읽어야 합니다.

## 흔들리다 ·· 힘차다

### 힘껏
힘을 모두 쓴다는 뜻입니다. 선미는 교실 문이 잘 안 열려서 문을 **힘껏** 밀었어요. 성훈이는 공을 **힘껏** 찼어요. 그러자 공이 멀리 날아갔어요.

### 힘들다
**힘든** 일이라면 힘을 많이 써야 하는 일이에요. 쉽지 않은 것도 **힘들다**고 합니다. 웃는 것은 참기 **힘들어요**. 참으려고 하면 더 웃게 돼요.

### 힘차다
힘이 넘치는 거예요. 어머니가 "학교에 잘 갔다 와!"라고 하자 주영이는 "네." 하고 **힘차게** 대답했어요. 동훈이는 친구가 기다린다는 것을 알고 놀이터로 **힘차게** 달렸어요.

아이들이 줄을 지어 **힘차게** 걸어갑니다.

## 소리는 같지만 뜻이 다른 낱말들이 있어요.

우리 낱말 중에는 소리는 똑같이 나지만 뜻이 다른 낱말들이 있어요. 이런 낱말을 동음이의어라고 합니다. 동음이의어를 문장에서 만나면 그 뜻을 잘 가려서 읽어야 합니다. 그럼 아래의 동음이의어를 읽어 보며 어떻게 뜻이 다른지 살펴봅시다.

**굽다** 고기를 맛있게 구워요.
**굽다** 할머니 등이 굽었어요.

**깨다** 접시를 깼어요.
**깨다** 잠에서 깼어요.
**깨다** 새가 알을 깨고 나와요.

**낫다** 병이 나았어요.
**낫다** 구두보다 운동화가 더 나아요.

**가장** 형이 가장 빨라요.
**가장** 아버지는 우리 집 가장이에요.

**갈다** 꽃병의 물을 갈아요.
**갈다** 콩을 맷돌에 갈아요.

**감다** 눈을 감아요.
**감다** 실을 감아요.

**고개** 고개를 들어요.
**고개** 큰 고개를 넘어요.

**고장** 차가 고장이 났어요.
**고장** 우리 고장은 살기 좋아요.

**눈** 눈을 크게 떠요.
**눈** 밖에 눈이 내려요.

**다리** 기린은 다리가 길어요.
**다리** 한강에는 다리가 많아요.

**달다** 가슴에 꽃을 달아요.
**달다** 귤이 참 달아요.

**돌** 돌이 데굴데굴 굴러요.
**돌** 오늘은 내 동생 돌이에요.

**때** 꽃이 필 때입니다.
**때** 옷에 때가 묻었어요.

**떼** 개미 떼가 있어요.
**떼** 아이가 떼를 씁니다.

**뜨다** 나뭇잎이 물에 뜹니다.
**뜨다** 그릇으로 물을 뜹니다.
**뜨다** 실로 장갑을 뜹니다.
**뜨다** 아침에 눈을 뜹니다.

**말** 말이 빨라 알아듣기 어려워요.
**말** 말이 들판을 달려갑니다.

**말다** 장난하지 말아요.
**말다** 김밥을 돌돌 말아요.
**말다** 국에 밥을 말아요.

**맞다** 옷이 몸에 딱 맞아요.
**맞다** 손님을 반갑게 맞아요.
**맞다** 비를 맞아 옷이 축축해요.

**묻다** 선생님께 묻습니다.
**묻다** 손에 흙이 묻어 털었어요.
**묻다** 땅에 강아지를 묻어 주었어요.

**바르다** 상처에 약을 바릅니다.
**바르다** 바른 자세로 앉아요.

**바람** 바람이 쌩쌩 불어요.
**바람** 나의 바람은 노래를 잘하는 거예요.

**밤** 밤이 되어 주위가 깜깜해요.
**밤** 밤을 주웠어요.

**배** 배가 고파요.
**배** 바다에 배가 떠 있어요.
**배** 배는 달고 시원한 과일이에요.

**벌** 어머니께 벌을 받았어요.
**벌** 벌이 윙윙거립니다.

**베다** 베개를 베고 자요.
**베다** 나무를 벱니다.

**부르다** 배가 부릅니다.
**부르다** 친구를 부릅니다.

**빠지다** 물에 빠졌어요.
**빠지다** 힘이 빠졌어요.

빨다 사탕을 빨아 먹어요.
빨다 옷을 빨아 널었어요.

사과 사과를 아삭 베어 먹었어요.
사과 친구에게 사과를 했어요.

상 그림 대회에서 상을 받았어요.
상 상 위에 맛있는 반찬이 많아요.

새 새가 하늘을 날아요.
새 새 옷을 입어요.

세다 기운이 세요.
세다 숫자를 세어요.

수 고양이 수를 세어 보아요.
수 좋은 수가 생각났어요.

신 신 나게 놀아요.
신 신을 벗고 집으로 들어가요.

싸다 포장지로 선물을 쌌어요.
싸다 값이 싸서 얼른 샀어요.

쓰다 친구에게 편지를 써요.
쓰다 감기약은 너무 써요.
쓰다 모자를 써요.
쓰다 물을 아껴 써요.

양 양의 털은 하얘요.
양 양이 많아서 남겼어요.

연기 굴뚝에서 연기가 나요.
연기 주인공이 연기를 잘해요.

우리 우리 학교는 운동장이 넓어요.
우리 사자가 우리 안에 갇혔어요.

자신 자기 자신을 말해요.
자신 수영에 자신이 있어요.

잠자리 잠자리가 날아 다녀요.
잠자리 잠자리에 누웠어요.

장사 시장에서 장사를 해요.
장사 힘이 장사처럼 세요.

적다 밥이 적어요.
적다 공책에 이름을 적어요.

조각 얼음 조각을 합니다.
조각 사과 한 조각을 먹었어요.

졸다 너무 피곤해서 졸았어요.
졸다 국물이 다 졸았어요.

지다 축구 경기에서 졌어요.
지다 꽃이 졌어요.
지다 짐을 졌어요.

지치다 운동을 많이 해서 지쳤어요.
지치다 얼음 위에서 썰매를 지쳤어요.

짜다 소금이 짜요.
짜다 빨래를 꼭 짜요.
짜다 옷감을 짜요.

차 차를 타고 다녀요.
차 차를 마십니다.

차다 바람이 차요.
차다 물이 병에 가득 찼어요.
차다 손목에 시계를 찼어요.

치다 천둥이 칩니다.
치다 손뼉을 칩니다.
치다 커튼을 칩니다.
치다 국에 소금을 칩니다.

켜다 불을 환하게 켜요.
켜다 톱으로 나무를 켜요.
켜다 바이올린을 켜요.
켜다 기지개를 켜요.

타다 말을 탔어요.
타다 물에 설탕을 탔어요.
타다 종이가 불에 탔어요.
타다 오늘 용돈을 탔어요.
타다 부끄러움을 많이 타요.

탈 탈을 쓰고 춤을 춰요.
탈 많이 먹어 탈이 났어요.

풀 종이를 풀로 붙였어요.
풀 풀이 많이 났어요.

## 자주 쓰는 낱말들을 갈래별로 알아볼까요?

우선 어떤 것을 셀 때 쓰는 낱말들을 알아보고 의태어와 의성어를 살펴봅시다.
이런 낱말들을 알아두면 말하고자 하는 것을 더욱 정확하고 재미나게 표현할 수 있답니다.
자, 어떤 낱말들이 있을까요?

### 단위명사   어떤 것을 셀 때 쓰는 낱말들입니다.

**개**
하나씩 떨어져 있는 물건을 셀 때 써요. 지우개 한 개, 귤 두 개.

**겹**
옷감이나 종이 등 포개져 있는 얇은 물건을 셀 때 써요. 커튼 두 겹, 세 겹.

**권**
책이나 공책 등을 셀 때 써요. 일기장 한 권, 동화책 두 권.

**그루**
나무를 셀 때 씁니다. 한 그루, 두 그루.

**그릇**
그릇에 담긴 음식의 분량을 셀 때 써요. 밥 한 그릇, 자장면 두 그릇.

**다발**
꽃, 채소, 돈 등의 묶음을 셀 때 씁니다. 장미 한 다발, 안개꽃 두 다발.

**단**
짚이나 땔나무, 채소 등의 묶음을 셀 때 써요. 시금치 한 단, 장작 두 단.

**대**
자동차나 비행기, 또 큰 기계를 셀 때 써요. 비행기 한 대, 자동차 세 대.

**마리**
동물의 수를 셀 때 씁니다. 호랑이 한 마리, 두 마리, 세 마리.

**명**
사람을 셀 때 씁니다. 한 명, 두 명, 세 명, 네 명.

**바퀴**
어떤 둘레를 둥글게 돌아 제자리로 돌아올 때 쓰는 말이에요. 한 바퀴, 두 바퀴, 세 바퀴.

**벌**
옷이나 숟가락·젓가락처럼 짝이 있는 물건을 셀 때 써요. 양복 한 벌, 두 벌.

**살**
나이를 말할 때 써요. 한 살, 두 살, 세 살.

**송이**
포도나 꽃을 셀 때 쓰는 말이에요. 포도 한 송이, 꽃 열 송이.

**알**
작고 동그란 것을 셀 때 씁니다. 사탕 한 알, 옥수수 두 알, 달걀 세 알.

**원**
우리나라 돈을 셀 때 씁니다. 100원, 200원, 300원.

**자루**
연필이나 농기구 등 길쭉하게 생긴 물건을 셀 때 씁니다. 색연필 한 자루, 호미 두 자루.

**잔**
물이나 차 등 잔에 담긴 음료의 분량을 셀 때 써요. 우유 한 잔, 물 두 잔.

**장**
종이나 유리처럼 얇고 넓적한 것을 셀 때 씁니다. 종이 한 장, 그림 한 장.

**채**
집을 셀 때 씁니다. 집 한 채, 두 채, 세 채.

**켤레**
신발이나 양말 등을 셀 때 쓰는 말이에요. 신발 한 켤레, 양말 두 켤레.

**톨**
밤이나 도토리, 쌀알을 셀 때 쓰여요. 밤 한 톨, 도토리 세 톨, 쌀 열 톨.

**포기**
뿌리가 달려 있는 상태의 식물을 셀 때 씁니다. 풀 한 포기, 배추 열 포기.

248

## 의태어 사람이나 사물의 모양 혹은 움직임을 나타내는 말이에요.

**고래고래**
소리를 고래고래 질러요.

**글썽글썽**
눈물이 글썽글썽 맺혔어요.

**길쭉길쭉**
오이를 길쭉길쭉 썰었어요.

**꼬깃꼬깃**
종이를 꼬깃꼬깃 구겼어요.

**꼬불꼬불**
꼬불꼬불 구부러진 길을 걸어요.

**꾸벅꾸벅**
동생이 차 안에서 꾸벅꾸벅 졸아요.

**꿈틀꿈틀**
애벌레가 꿈틀꿈틀 기어가요.

**도담도담**
아기가 도담도담 잘 커요.

**뒤뚱뒤뚱**
오리가 뒤뚱뒤뚱 가요.

**또박또박**
글씨를 또박또박 씁니다.

**만지작만지작**
손으로 인형을 만지작만지작 만져요.

**말똥말똥**
눈을 말똥말똥 떠요.

**말랑말랑**
떡이 말랑말랑 부드러워 먹기 좋아요.

**모락모락**
밥에서 김이 모락모락 납니다.

**뭉실뭉실**
구름이 뭉실뭉실 피어올라요.

**반질반질**
마룻바닥이 반질반질 빛나요.

**보글보글**
불 위에서 음식이 보글보글 끓어요.

**보송보송**
빨래가 보송보송 잘 말랐어요.

**부슬부슬**
비가 부슬부슬 소리 없이 와요.

**살랑살랑**
바람이 살랑살랑 불어요.

**오싹오싹**
추워서 오싹오싹 몸이 떨려요.

**울퉁불퉁**
거리 바닥이 울퉁불퉁 고르지 않아요.

. . . . . . . . . . . . . . . . . . . . . . . . . . . . . . . . . . . . . . . . . . . . . . . . . . . . . . . . . . . . . . . . . . . . .

## 의성어 사람이나 사물의 소리를 흉내 내는 말이에요.

**껄껄**
아버지가 껄껄 웃어요.

**꼴깍**
맛있는 음식을 보면 침이 꼴깍 넘어갑니다.

**덜컹**
바람에 창문이 덜컹 소리를 내요.

**두런두런**
골목에서 두런두런 말하는 소리가 들려요.

**드르렁드르렁**
코를 고는 소리가 드르렁드르렁 났어요.

**뚱땅뚱땅**
아버지가 뚱땅뚱땅 망치질해요.

**뽀드득뽀드득**
눈을 밟으면 뽀드득뽀드득 소리가 납니다.

**삭삭**
종이를 삭삭 오립니다.

**오그르르**
작은 주전자에 물이 오그르르 끓어요.

**와글와글**
교실에서 아이들이 와글와글 떠들어요.

**와작와작**
사탕을 와작와작 깨물어 먹어요.

**잘박잘박**
물이 있는 길을 잘박잘박 걸어요.

**졸졸**
시냇물이 졸졸 흘러요.

**쩌렁쩌렁**
말소리가 쩌렁쩌렁 교실에 울립니다.

**쪼르륵**
우유를 컵에 쪼르륵 따릅니다.

**찰칵**
찰칵 문 닫는 소리가 납니다.

**철썩철썩**
파도가 철썩철썩 방파제를 때려요.

**콜록콜록**
기침 소리가 콜록콜록 납니다.

**푸드덕**
새가 푸드덕 날아오릅니다.

**후루룩**
아버지가 국물을 후루룩 들이마십니다.

# 국어사전과 놀아요!

국어사전은 모르는 낱말을 찾아볼 때만 보는 책이라고요? 그렇지 않아요. 이 사전에 나온 낱말로 여러 가지 놀이를 해 볼 수 있어요. 그렇게 재미있게 놀다 보면 낱말의 뜻이나 쓰임을 자연스럽게 익힐 수 있답니다. 친구들, 부모님, 선생님도 함께 하면 더 좋겠죠?

## 어떤 순서일까요?

국어사전에는 ㄱ ㄴ 순서대로 낱말들이 나와 있어요. 아래 낱말들을 국어사전에서 찾아보세요. 어떤 낱말이 가장 먼저 나와 있나요? 어떤 낱말이 가장 뒤에 나와 있나요?

## 어떤 낱말일까요? 알아맞혀 볼까요?

❶ 새나 곤충이 하늘을 날 때 쓰는 몸의 한 부분이에요. 두 글자입니다.

❷ 필요 없는 공기가 몸 밖으로 나오는 거예요. 소리가 나기도 하고 냄새가 날 때도 있어요.

❸ 한국 사람들이 가장 좋아하는 반찬이에요. 'ㄱ'으로 시작해요.

❹ 햇빛이 따뜻해지고 풀과 나무에 싹이 나는 계절입니다. 123페이지에 있어요.

❺ 어머니의 언니나 여동생이에요. 고모는 아니에요.

❻ 줄의 양 끝을 잡고 돌리며 줄을 뛰어넘는 운동이에요. 잘 모르겠으면 207페이지를 보세요.

❼ 바람에 따라 출렁출렁 움직이는 바닷물이에요. 'ㅍ'에서 찾아보세요.

❽ 슬프거나 아파서 엉엉 울 때 눈에서 나오는 물이에요. 66페이지에 있어요.

❾ 깊은 땅속에 있는 불덩어리가 밖으로 터져 나와 생긴 산이에요. 'ㅎ'에 있어요.

# 낱말의 정의를 넣어 볼래요?

아래 그림을 보고 여러분이 낱말의 정의를 지어 보아요.

# 낱말을 떠올려 볼까요?

친구와 둘이서 놀이를 해 보아요. ㄱ으로 시작하는 낱말을 서로 번갈아가면서 말하는 놀이입니다. 말이 막히면 지는 거예요.

만약 ㄱ을 선택한다면 놀이를 시작하기 전에 ㄱ 항목들을 죽 살펴보면 도움이 되겠죠?

# 낱말이 어디 있는지 찾아볼까요?

먼저 마음속으로 찾고 싶은 어떤 낱말을 떠올리세요.
그런 다음 그 낱말이 있을 것 같은 페이지를 가늠해 국어사전을 펼치세요. 어때요? 펼친 페이지에 그 낱말이 있나요? 있다고요? 잘했어요. 없다고요? 그럼 국어사전을 덮고 다시 해 보세요.
친구와 둘이서 할 수도 있어요. 둘이 똑같은 낱말을 떠올린 다음, 국어사전을 펼치세요. 가장 가까운 페이지를 펼친 사람이 이기는 거예요.

**아래에 동물 그림이 있어요. 그림을 보고 질문에 답해 보아요.**
잘 모르겠으면 〈나의 첫 국어사전〉을 펼쳐 보세요. 친구와 함께 서로 문제를 내고 답을 찾는 놀이를 해 보아요.

❶ 나무나 동굴 속에서 살며 밤에 활동하는 동물이에요. 날개가 있어서 날아다녀요. 무엇일까요?
❷ 날개가 크고 부리와 발톱이 날카로운 새예요. 다른 새나 작은 동물을 먹고 살아요. 무엇일까요?
❸ 개구리와 비슷하게 생긴 동물이에요. 등이 나무껍질처럼 우둘두툴해요. 무엇일까요?
❹ 크고 화려한 날개를 가진 곤충이에요. 이 꽃 저 꽃 날아다니며 꽃가루를 옮겨요. 무엇이죠?
❺ 바다에서 살지만 땅에 사는 동물들처럼 새끼를 낳아 길러요. 무엇일까요?
❻ 위의 동물 중에서 집에서 기를 수 있는 동물을 찾아볼까요?

## 과일과 채소 그림을 보고 질문의 답을 찾아볼까요?

그림에 없는 과일이나 채소로도 질문을 만들어 보아요. 친구에게 문제를 내 보아요.

❶ 겉은 녹색이고 속은 빨간 과일이에요. 무엇일까요?
❷ 바로 읽어도, 거꾸로 읽어도 똑같이 읽혀요. 무엇일까요?
❸ 위의 과일 중에서 원숭이가 좋아하는 과일이에요. 무엇일까요?
❹ 봄에 나는 과일이에요. 겉에 작은 씨앗이 박혀 있어요. 무엇이죠?
❺ 삶아서도 먹고, 구워도 먹고, 요리를 해서 먹기도 하는 채소는 무엇이죠?
❻ 여러분이 지금 먹고 싶은 과일은 무엇이죠? 위의 과일에서 고르세요.

## 그림을 바로 보고 싶으면 여기에서 찾아보아요.

〈나의 첫 국어사전〉에는 동물을 비롯해 여러 그림들이 담뿍 들어 있어요. 글을 읽는 재미 못지않게 그림을 보는 재미도 쏠쏠하답니다. 어떤 그림이 어디에 있는지 알고 싶으면 이 면에서 찾아보세요.

아래 글에서 맨 앞의 낱말은 그림 항목입니다. 그 옆의 낱말은 그 그림이 속해 있는 표제어입니다. 맨 뒤의 숫자는 해당 그림이 있는 쪽수입니다. 예를 들면 '**가면** 오리다 176'은 가면 그림은 176쪽 오리다 항목에 나와 있다는 뜻입니다.

### ㄱ
- **가면** 오리다 176
- **가위바위보** 지다 209
- **갈매기** 강하다 22
  - 부지런하다 126
- **강아지** 귀엽다 41
  - 기쁘다 46
  - 떨다 87
  - 점 201
  - 주다 205
- **개구리** 되다 81
- **개울** 맑다 96
- **갯벌** 캐다 223
- **거미** 올라가다 177
- **거북** 내밀다 60
  - 찾아가다 217
- **거울** 비치다 129
  - 웃다 183
- **거위** 어울리다 167
- **경찰관** 친절 221
- **계단** 조심 203
- **고구마** 익다 188
- **고니** 길다 47
- **고라니** 다치다 70
- **고속버스** 도착 77
- **고슴도치** 뾰족하다 133

- **고양이** 놀라다 64
  - 사이 136
  - 재빨리 199
- **곰** 일어서다 190
- **공작** 멋있다 101
- **과학실** 켜다 224
- **교실** 사귀다 135
  - 질문 210
- **구슬** 모으다 102
- **국토순례** 힘차다 245
- **극장** 자리 194
- **급식** 차례 215
- **기린** 벌리다 120
- **김치** 담다 73
- **까치** 만들다 94
- **꼬마전구** 켜다 224

### ㄴ
- **나무늘보** 움직이다 182
- **나뭇잎** 밟다 115
- **나비** 앉다 162
- **낙타** 타다 226
- **날다람쥐** 펴다 230
- **냉장고** 세로 143
- **너구리** 검다 26
- **노루** 배고프다 117

- **눈** 굴리다 40
- **눈썰매** 내려오다 59

### ㄷ
- **다람쥐** 건너다 25
  - 비슷하다 129
- **달력** 날짜 57
- **달리기** 굽히다 41
- **닭** 세다 143
- **닭싸움** 이기다 185
- **도넛** 가운데 16
- **도서관** 방귀 116
- **도시락** 잊다 191
- **도자기** 설명 142
- **돌고래** 공연 34
- **돌잔치** 집다 211
- **돼지** 여러 170
- **딱따구리** 뚫다 88

### ㄹ
- **레몬** 시다 150
- **로봇** 로봇 91
- **리코더** 연습 171

### ㅁ
- **마술사** 계속 29

- **마오리족** 인사 189
- **말** 넘다 61
- **망아지** 가늘다 14
- **망원경** 관찰 36
- **모래** 채우다 217
- **모자** 리본 91
- **목욕탕** 돌보다 79
  - 씻다 157
- **무지개** 아름답다 159
- **문방구** 남다 57
- **물고기** 헤엄 238
- **미끄럼틀** 놀다 63
- **미술관** 이상하다 187
- **미어캣** 서다 141
- **미용사** 자르다 193

### ㅂ
- **바닷가** 발견 115
- **바이올린** 흥미 244
- **반달곰** 즐겁다 208
- **반딧불이** 신기하다 151
- **밤** 줍다 207
- **배드민턴** 운동 181
- **백곰** 덥다 75
- **백호** 특별하다 228
- **뱀** 없다 169

| | | | |
|---|---|---|---|
| 벌 바쁘다 112 | **ㅇ** | 줄다리기 협동 239 | 토마토 변하다 121 |
| 벌 혼나다 240 | 아이스크림 녹다 63 | 쥐 재빨리 199 | |
| 베개 들다 83 | 악어 크다 225 | 지구본 절약 200 | **ㅍ** |
| 벽화 그리다 42 | 야구 이루다 186 | 집게 들어가다 83 | 판다 좋아하다 205 |
| 병아리 노랗다 62 | 약 치료 221 | 징검다리 빠지다 130 | 팔씨름 겨루다 26 |
| 　　　 세다 143 | 양 다가가다 69 | | 퍼즐 맞추다 98 |
| 병원 위로 183 | 얼룩말 함께 237 | **ㅊ** | 펭귄 나오다 55 |
| 부엉이 감다 19 | 여우 파다 229 | 찰흙 부럽다 124 | 　　　 품다 232 |
| 붓글씨 어렵다 166 | 연날리기 날리다 56 | 참외 무겁다 103 | 포도 열리다 173 |
| 블록 쌓다 155 | 염소 기르다 45 | 창문 닫다 71 | 풍선 실수 152 |
| 비 피하다 233 | 　　 맡다 98 | 책장 꽂다 49 | 피아노 흥미 244 |
| 비눗방울 불다 126 | 오리 따라가다 84 | 철봉 견디다 27 | |
| 비둘기 가리키다 15 | 　　 어울리다 167 | 청서 비슷하다 129 | **ㅎ** |
| 비버 완성 178 | 외발자전거 균형 42 | 체조 훈련 242 | 하마 오른쪽 175 |
| 빗자루 쓸다 157 | 우산 쓰다 156 | 축구공 나아가다 54 | 한복 곱다 33 |
| 빨래 미리 108 | 우편함 확인 241 | 치과 두렵다 81 | 해달 잘 196 |
| 빵집 고르다 30 | 운동화 새 139 | 치타 끝 51 | 허수아비 세우다 144 |
| | 　　 젖다 202 | 　　 빨리 131 | 호랑이 가깝다 13 |
| **ㅅ** | 운동회 터지다 227 | | 화분 골고루 32 |
| 사물함 쉽다 149 | 울타리 낮다 58 | **ㅋ** | 　　 나르다 53 |
| 사슴 싸우다 154 | 원숭이 껴안다 49 | 카네이션 달다 72 | 황새 잡다 197 |
| 사자 구별 38 | 　　 대단하다 74 | 카멜레온 보호 122 | 회전목마 사진 137 |
| 　　 물다 106 | 인라인스케이트 | 캥거루 뛰다 89 | 횡단보도 봉사 123 |
| 생일 초대 219 | 　　 미끄러지다 107 | 커튼 겹치다 28 | 훌라후프 돌리다 78 |
| 소 닮다 72 | 　　 부딪치다 124 | 케이크 나누다 53 | 휠체어 밀다 109 |
| 소고 치다 220 | | 코끼리 뿌리다 133 | |
| 소파 눕다 66 | **ㅈ** | 　　 흉내 243 | |
| 　　 편안하다 231 | 자동판매기 앞 163 | 코브라 곧다 32 | |
| 송아지 닮다 72 | 자전거 고치다 31 | 코알라 자다 193 | |
| 수박 무겁다 103 | 장구 치다 220 | 크리스마스 꾸미다 50 | |
| 　　 조각 203 | 재봉틀 오래 175 | | |
| 수영장 수영 147 | 저금통 저금 199 | **ㅌ** | |
| 시계 종류 204 | 정글짐 놀다 63 | 타조 아주 160 | |
| 시소 기울다 46 | 조각 이상하다 187 | 태권도 배우다 118 | |
| 시장 구경 37 | 조개 캐다 223 | 털실 감다 20 | |
| 쌍둥이 혼나다 240 | 종이비행기 접다 201 | 텐트 안 161 | |
| 썰매 얼다 168 | 주사 엎드리다 169 | 토끼 기르다 45 | |
| 쓰레기통 버리다 119 | 줄넘기 밖 113 | 　　 짧다 212 | |